전쟁
인문학

KB077726

전쟁 인문학

김상범 지음

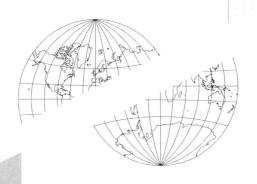

절대 전쟁이
현현하는 세계에서

씨
아이
알

차례

저자 서문

   '전쟁'이란 무엇인가? 중동과 우크라이나에서 전쟁이 발발하여 미국에 의한 평화가 사라지는 시대, 전쟁이란 무엇인가를 탐구하는 인문학적 작업이 필요하다. 이러한 인문학적 탐구의 출발선에서 자주 거론되는 저자가 바로 클라우제비츠이다. 그런데 "전쟁은 다른 수단에 의한 정치의 계속"이라는 그의 유명한 말이 그 함의와 맥락이 지워진 채로 인용되는 경우가 많은 것 같다. 사실, 클라우제비츠는 '전쟁의 이데아'와 현실 속에서 그것의 실현을 구분하고 있으며, 현실 속에서 실현되는 전쟁이 정치적 목적에 종속된다고 말하고 있다(들뢰즈와 가타리는 오히려 클라우제비츠에게서 '이데아로서의 전쟁'에 주목하고 있다). 이와 같은 의미에서 클라우제비츠는 꼼꼼히 재해석될 필요가 있다. 본서에서는 클라우제비츠뿐만 아니라 그에게 영향을 받은 칼 슈미트와 들뢰즈/가타리, 그리고 들뢰즈/가타리의 전쟁 이론에 영향을 미친 또 다른 사상가로서 피에르 클라스트르와 폴 비릴리오에 대해서도 다룬다.

   마지막으로 이 책의 출간을 도와주신 김선경 과장님을 비롯한 씨아이알 출판사 직원분들께 감사의 인사를 전한다.

클라우제비츠는...
독일의 군인 · 군사 평론가. 프로이센 육군의 건설 공로자이다. 그의 역작
인 『전쟁론』은 서양의 정치사상, 국제정치, 전쟁철학, 군사학 분야의 고전
으로, 전쟁을 수행하는 인간의 정신과 심리를 고려한 전쟁 이론을 확립한
혁명적인 저서로 인정 받고 있다.

I

클라우제비츠와
『전쟁론』

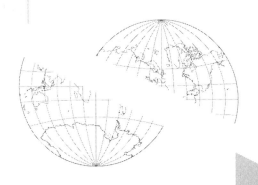

I

클라우제비츠와
『전쟁론』

클라우제비츠의 생애

〰〰〰〰〰

1832년 출간된 『전쟁론』은 전쟁 인문학의 불후의 고전으로 남아
있다. 이 책은 지금도 많은 군사 전략가들에게 영감을 제공하고 있
으며, 많은 인문학자에게 통찰을 제공하고 있다. 『전쟁론』의 저자
카를 폰 클라우제비츠Carl von Clausewitz는 1780년 6월 1일 프로이센
의 마그데부르크 근교의 부르크에서 태어났다. 그는 열두 살에 입
대하여 열세 살 때 프랑스와의 전쟁에 참전했고, 많은 전쟁 경험을
쌓은 후 열여섯 살에 소위로 임관하였다. 1801년에는 베를린 군사

학교에 입교했으나, 그동안 독학으로 공부했기에 처음에는 공부하는 데 애를 먹었다고 한다. 또한 경제적으로도 궁핍한 상황이었다.

> 위험스러운 입장에 빠진 젊은이의, 얼핏 보아 희망이 없는 노력은 회의심으로 아니 자포자기로 변했다. 그리고 물질적으로도 그는 가장 괴로운 환경에 놓였다. 예컨대 그가 군사학교에 입교했을 때 베를린에 아는 사람이라고는 아무도 없었다. 학생 장교들은 자기의 수입이나 부모의 송금으로 학교생활을 영위했으나, 그의 아버지는 그에게 송금할 재력이 없어서 자신의 소위 봉급으로 간소하게 살아야 했다.[1]

이러한 절망적인 상황에서 한 줄기 빛으로 다가온 것이 바로 샤른호르스트라는 사람의 격려와 지원이었다. 샤른호르스트Gerhard Johann David von Scharnhorst는 그 당시에 군사학교의 부교장으로 계급은 중령이었으며, "프로이센 육군에서 총명하고 정력적인 군사 논문의 저술가요, 새로운 포술의 발명자"[2]로 알려져 있었다. 샤른호르스트는 클라우제비츠의 천재성을 발견했으며, 결국 그의 격려와 지원은 클라우제비츠의 수석 졸업에 기여했다. 클라우제비츠는 군사학교를 다니는 동안 칸트Immanuel Kant의 비판철학을 배웠으며, "그것이 『전쟁론』의 핵심을 형성하는 데 커다란 영향을 미쳤다."[3]

---

1   이종학, 『클라우제비츠와 전쟁론: 클라우제비츠의 생애와 사상』, 서울: 주류성, 2018, 41쪽
2   『클라우제비츠와 전쟁론: 클라우제비츠의 생애와 사상』, 42쪽
3   『클라우제비츠와 전쟁론: 클라우제비츠의 생애와 사상』, 43쪽

그 후 클라우제비츠는 샤른호르스트의 추천으로 아우구스트 황태자의 부관으로 임명되었다. 그는 이 보직에 있으면서 베를린에 머물렀기에 당대의 정신적 조류에 접할 수 있었다. 문학, 철학, 수학, 교육학 등 다양한 분야를 공부하게 되었고, 훗날 결혼하게 될 브륄 백작의 큰딸도 만나게 되었다. 바로 이 아내를 통해 클라우제비츠의 사후에 『전쟁론』이 편집·출판되어 세상에 나오게 되었다.

1806년에는 아우구스트를 따라 프로이센-러시아 동맹군에 합류하여 나폴레옹이 지휘하는 프랑스군과 아우엘슈테트에서 싸웠으나 참패했다. 이 과정에서 아우구스트와 함께 포로로 사로잡혔는데, 이 기간에 그는 온 힘을 다해 프로이센 패배의 원인을 규명하려고 노력하였다.

1807년 11월에 포로에서 풀려나 귀국한 클라우제비츠는 장군이 된 샤른호르스트의 참모가 되어 프로이센 군대 개혁에 힘을 쏟았다. 1812년에 프로이센 국왕이 프랑스의 대러시아 전쟁에서 프랑스군에 가담할 것을 결정하자, 클라우제비츠와 개혁파들은 그의 결정을 바꾸려고 힘썼으나 실패로 돌아갔다.

클라우제비츠는 벗들의 의뢰를 받아 정력적으로 저항해야 할 기회라고 주장하고 용기 있는, 그리고 무엇보다도 명예로운 행동을 취해야 할 것을 정부에 권고하는 건의서를 기초했다. 그러나 정부는 이미 결단을 내리고 있었고 프로이센은 나폴레옹 측의 지원 군단을 준비할 의무를 지게 되었다.[4]

결국 클라우제비츠는 이탈하여 "러시아군 참모본부의 중령으로 입적되었다."[5] 그 후 러시아가 프랑스에 승리하면서 프로이센으로 돌아왔으나, 러시아군에 투신한 것을 '배신'으로 여긴 프로이센 국왕은 그가 장교로 복귀하지 못하게 하였고, 샤른호르스트는 궁여지책으로 그를 러시아군 연락장교의 자격으로 프로이센군에 근무하게 하였다.

클라우제비츠는 1814년에 프로이센군에 복귀하게 되었고, 그 후 워털루 전투에 참전하여 "마침내 승리자로서 파리에 입성했다."[6] 이어서 1818년에 소장으로 진급했고, 같은 해 12월에는 군사학교장이 되었다. 그런데 당시 군부를 장악한 보수파들은 1806년부터 개혁파였던 클라우제비츠를 껄끄럽게 생각하고 있었기에, 그에게서 "교과내용 및 학과지도에 관한 사항"[7]을 결정할 권리를 빼앗아버렸다.

이렇게 하여 허수아비 교장이 되어 버린 클라우제비츠는 『전쟁론』의 집필에 몰두하기 시작했다. 그렇게 12년 동안 집필에만 몰두한 그는 1830년 제2 포병감으로 전출했다가 1831년 11월 16일 콜레라로 급사했다. 이로 인해 『전쟁론』은 미완의 저작으로 남게 된다.

---

4   칼 폰 클라우제비츠, 『전쟁론 II』, 허문순 옮김, 서울: 동서문화사, 2016, 951쪽
5   『클라우제비츠와 전쟁론: 클라우제비츠의 생애와 사상』, 45쪽
6   『클라우제비츠와 전쟁론: 클라우제비츠의 생애와 사상』, 45쪽
7   『클라우제비츠와 전쟁론: 클라우제비츠의 생애와 사상』, 46쪽

전쟁, 정치, 우연 그리고 삼위일체

〰〰〰

놀랍게도 클라우제비츠는 자신이 생각하는 〈전쟁의 본질〉을 규정하면서 『전쟁론』을 시작한다. 여기서 '본질'이란 플라톤적 의미의 '이데아' 혹은 '이념'을 말한다. 이러한 '이념으로서의 전쟁'은 폭력의 순간적이고 무제한적인 폭발을 의미한다. 여기서 무제한적인 폭력이란 상대를 절멸시킬 정도의 힘을 사용한다는 의미이다. 클라우제비츠는 다음과 같이 쓴다.

> 오성悟性이 문제 삼는 것은, 저편과 이편 서로의 힘의 극단적인 사용이며, 따라서 또 이러한 힘의 충돌이기 때문이다. 실제로 이 경우에 서로의 힘은 그 무엇에도 억제됨 없이 마음껏 발휘되어 그 자신의 내적 법칙 이외의 그 어떤 법칙에도 따르려고 하지 않는다.[8]

우리는 여기서 클라우제비츠의 통찰력에 감탄할 수밖에 없는데, 오늘날 일어날 가능성이 있는 핵전쟁이 바로 이러한 전쟁의 이념에 매우 가깝기 때문이다.

이처럼 '전쟁의 이데아'의 순간성과 무제한성은 그것이 일종의 잠재적 사건임을 의미한다. 이러한 '전쟁의 이데아'는 '순간' 속의

---

[8] 칼 폰 클라우제비츠, 『전쟁론 I 』, 허문순 옮김, 서울: 동서문화사, 2016, 39쪽

폭발이기에 일종의 '사건'이라고 할 수 있다. 클라우제비츠에 의하면 이 사건은 잠재적인 것일 뿐, 현실화될 때는 정치적인 목적에 종속되기 때문이다.

흥미롭게도 클라우제비츠는 이러한 '순수 전쟁'이 "원시적인 강력 행위"[9] 혹은 "거의 맹목적인 자연적 본능이라고 말할 수 있을 정도"[10]의 것이라고 한다. 이것은 전쟁이 생물학적 본능이라는 말이 아니라 무제약적이고 순간적인 힘의 폭발로 사회적 무의식의 심층에 자리 잡은 존재라는 의미이다. 이러한 '본능'을 통제하는 것이 바로 '정치적 목적'이다. 말하자면 이해관계의 계산으로서 정치의 억압을 받는 무의식적 실재가 바로 '순수 전쟁'이라는 것이다. 클라우제비츠는 정치를 "내외의 모든 정세를 계산에 의해 파악"[11]하는 "인격화된 국가에서의 지성"[12]이라고 말한다.

또 클라우제비츠에 의하면 '순수 전쟁'이 현실적 전쟁으로 현실화될 때, 정치적 목적에 복종하게 된다고 한다. 그러나 '순수 전쟁'은 이러한 정치 밑에 잠복하여 언제나 수면 위로 떠오를 기회를 호시탐탐 노리고 있다.

이런 의미에서 "전쟁은 (…) 다른 수단을 가지고 하는 정치의 계

---

9 『전쟁론 I』, 57쪽

10 『전쟁론 I』, 57쪽

11 『전쟁론 I』, 56쪽

12 『전쟁론 I』, 56쪽

속"[13]이라는 클라우제비츠의 말은 다시 해석되어야 한다. 이 문구는 '순수 전쟁'에 대한 서술이 아니라 이 잠재적인 전쟁의 이데아가 현실적인 전쟁으로 '표현'될 때 정치적 목적의 지배를 받는다는 의미이다. 그런데 오늘날 핵전쟁을 생각하면, '이념으로서의 전쟁'이 우리에게 직접적으로 현전現前할 가능성이 존재한다.

클라우제비츠는 이렇게 '전쟁의 본질'을 규정함과 동시에 비본질적인 것으로서 정치가 '순수 전쟁'을 길들인다고 주장한다는 점에서, 그리고 "정치적 목적부터가 반드시 단순하다고 말하기 곤란하다"[14]라고 말한다는 점에서 지젝Slavoj Zizek을 연상시킨다. 왜냐하면 지젝에 의하면 부르주아 의회는 다양한 목적들이 교차하는, 말하자면 '다양성의 현상세계'인데, 이 표피는 진정한 사회적/계급적 적대로서의 '실재'를 은폐하기 때문이다.

실제로 클라우제비츠는 이 텍스트에서 '순수 전쟁'과 '정치적 목적에 의해 통제된 전쟁' 사이에서 동요하고 있다. 그는 다음과 같이 쓰고 있다.

전쟁이라는 큰불은 모든 것을 다 태우지 않으면 꺼지지 않을뿐더러 전쟁의 수행력은 이미 많은 발달을 이루었다. (…) 전쟁의 맹위가 지난날보다도 훨씬

---

13 『전쟁론 I』, 55쪽
14 『전쟁론 I』, 284쪽

맹렬하게 발휘되는 지금에 와서는 어떤 시대, 어떤 사정 아래에서, 때로는 예전 모습으로 돌아가고, 또 일단은 옛날의 좁은 울타리 안에 틀어박히는 일이 있다 해도, 전쟁의 본성인 압도적인 위력은 다시 폭발하지 않을 수 없을 것이기 때문이다.[15]

그럼에도 불구하고 클라우제비츠는 이러한 전쟁의 '압도적인 위력', 즉 폭력의 극단적인 사용이 일종의 "논리적 몽상"[16]이라고 말한다. 현실적 전쟁이 이러한 '이념적 전쟁'에 도달하려면 다음의 세 가지 조건을 만족시켜야 한다.

(1) 전쟁이 그 이전의 국가 생활과 무관한 독립된(고립된) 행위여야 한다.
(2) 전쟁이 단 하나의 결전이거나 동시에 이루어지는 여러 결전으로 구성되어야 한다.
(3) 전쟁이 이후에 일어날 정치적 상황과 무관해야 한다.

(3)은 전쟁의 결과가 절대적이지 않다는 말이다. 예를 들어 청일 전쟁에서 승리한 일본은 이후 러시아 · 프랑스 · 독일의 삼국간섭에

---

15 『전쟁론 I』, 418~419쪽
16 『전쟁론 I』, 39쪽

의해 전리품으로 얻은 요동 반도를 울며 겨자 먹기로 청에 반환해야 했다. 또한 클라우제비츠는 현실의 전쟁이 (1), (2), (3) 조건들을 만족시키기가 어렵다고 호소하면서도 한편으로는 전쟁의 고삐 풀린 폭력성이 폭발할 가능성을 끊임없이 상기시킨다.

'절대 전쟁'은 감성 혹은 무의식과 가깝고 이를 통제하고 제어하는 '정치'는 이성 혹은 의식과 가깝다. 실제로 클라우제비츠는 '절대 전쟁'은 "감정에 입각하고 있"[17]으며 이성적인 계산에 의해서만 전쟁이 치러지지 않음을 강조한다. 클라우제비츠는 다음과 같이 기록한다.

> 문명 국민 사이의 전쟁을, 단지 각 정부가 타산적인 행위에서 나온 것으로 돌리고, 격정과는 무관한 것이라고 생각한다면, (…) 다시 말하면 하나의 대수학에 지나지 않는다고 생각한다면, 이러한 견해가 잘못되어 있다는 것은 (…) 분명하다.[18]

뿐만 아니라 현실 속의 전쟁에는 정치적 이성과 절멸에 대한 의지만 존재하는 것이 아니다. 이러한 이성이나 의지 '밖'에 있는 우연적 요소들이 전쟁에 개입해 들어오는 경우가 많은데, 오히려 이러한 우연적 요소에 의해 이성과 의지가 굴절될 정도이다. 클라우

---

17 『전쟁론 I』, 36쪽
18 『전쟁론 I』, 36쪽

제비츠는 이런 의미에서 전쟁은 일종의 '도박'이라고 말한다.

> 그것은 '우연'이라는 요소이다. 인간이 영위하는 일들 중에서 우연과의 끊임
> 없는 접촉이 일상의 다반사와 같은 영역은 전쟁 이상 가능한 것이 없다. 그러
> 나 또 이 우연에 따르는 것은 불확실성이고, 또 이 불확실성에 따르는 것은 요
> 행이다. 그리고 전쟁에서는 이들 요소가 넓은 범위를 차지하는 것이다.[19]

말하자면 '전쟁 그 자체'의 '외부'에는 개연성의 계산으로서의 '정치'와 예측 불가능한 '우연'이 존재하며, 이러한 '외부'에 의해 순수 전쟁이 왜곡되어 나타나게 된다는 것이다. 실제로 클라우제비츠는 "전쟁의 정치적 목적은 본디 전쟁 그 자체의 영역 밖에 있"[20]으며, "전쟁에서 마찰은 곳곳에서 우연과 접촉하여 미리 추측할 수 없는 현상을 낳게"[21] 한다고 말한다.

클라우제비츠는 전쟁에서 발생하는 우연 중 '마찰'이라는 것이 존재한다고 강조한다. 이러한 〈마찰〉로 인해 전쟁 계획과 현실 전쟁 사이에 '차이'가 발생하게 된다는 것이다. 즉 현실적 전쟁의 성과가 계획했던 것보다 떨어진다는 말이다. 그리고 이러한 마찰을 제거하는 것이 장수의 꺾이지 않는 의지와 풍부한 경험, 성숙한 판

---

19 『전쟁론 I』, 51쪽
20 『전쟁론 I』, 59쪽
21 『전쟁론 I』, 111쪽

단력이다. 클라우제비츠는 다음과 같이 말한다.

강철 같은 강한 의지가 이 마찰을 제거하고, 여러 장애를 제거하는 것이다. (⋯) 전쟁 기술의 중앙에 우뚝 솟은 것이 불굴의 정신을 갖춘 장수의 견고한 의지인 것이다.[22]

불의의 사건에 직면해서 (⋯) 적절하게 결단하고 지시하는 깃은 전쟁 경험이 풍부한, 말하자면 백전연마白戰練磨의 지휘관만이 할 수 있는 일이다. 그는 전쟁에서의 경험과 판단의 숙련에 의해서 사태의 경중 구별을 적절하게 할 수 있게 된다.[23]

클라우제비츠를 연구하는 많은 학자에 따르면, 그에게 있어서 다음 세 가지 요소의 '삼위일체'가 존재해야 현실적인 전쟁이 성립한다고 말한다.

(1) 전쟁의 이데아, 전쟁의 본질을 구성하는 적개심과 증오심
(2) 개연성과 우연의 얽힘, 이를 통해 가능해지는 지휘관들의 자유로운 심적 활동
(3) 정치적인 목표

---

22 『전쟁론 I』, 111쪽
23 『전쟁론 I』, 113쪽

여기서 (1)은 국민과, (2)는 군대와, (3)은 정부와 관련이 있다. 따라서 첫 번째 삼위일체로부터 국민, 군대, 정부의 삼위일체가 성립하게 된다. 그리고 이 두 번째 삼위일체가 후대에 더 많은 영향을 주었다. 특히 마오쩌둥은 이 두 번째 삼위일체에 있어서 국민 또는 인민이라는 요소를 중요시했다. 베아트리체 호이저는 다음과 같이 쓴다.

그의 혁명전쟁 사상에서 혁명적 목표를 수행하는 데 인민을 동원한 것은 결정적으로 중요한 수단이었다. 인민은 '적을 빠뜨려 죽일 광대한 바다'였다. 이 수단이 성공하려면 '정치적 동원을 전쟁의 추이, 군인과 인민 대중의 생명과 결합하여 이를 지속적인 운동으로 전환'해야 했다.[24]

전쟁에 있어서 정신적인 것

이런 의미에서 전쟁에서는 장수들의 의지와 판단력을 비롯하여 정신적인 역량이 매우 중요하다고 말할 수 있다. 클라우제비츠는 물론 이러한 정신적 역량 가운데서 지성의 역할을 매우 중시한다. 그에 의하면 국민의 평균적인 지적 교양 수준이 높을 때에 장수들의

---

24   베아트리체 호이저, 『클라우제비츠의 전쟁론 읽기』, 서울: 일조각, 2016, 128쪽

지성도 높아지며, 이러한 발달된 지성에 의해 전쟁에서 승리하는 경우가 많다고 한다. 즉 군사적 천재는 모두 발달된 지성을 가지고 있으며, 이러한 군사적 천재의 지성은 국민의 평균적인 지적 역량에 비례한다는 것이다. 클라우제비츠는 지성의 중요성을 다음과 같이 강조한다.

> 파멸을 면하기 위해서는 어느 정도의 체력과 심력을 필요로 한다. (…) 이들 특성을 갖추고 또 건전한 지성의 지도에 따르기만 하면, 인간은 그것만으로도 이미 전쟁의 유능한 도구이다. (…) 전쟁은 불확실성을 본질로 한다. (…) 그래서 장수가 수련을 쌓은 숙달된 판단에 의해서 정확하게 진실을 파악하기 위해 먼저 요구되는 것은 투철하고 날카로운 지성이다.[25]

특히 지성 중에서도 고도의 통찰력이 필요하다. 왜냐하면 전쟁에는 "보통의 정신적 안광을 가지고는 도저히 볼 수 없는 진실",[26] 즉 불분명한 '상형문자'들에 둘러싸인 진실이 존재하기 때문이다.

또한 클라우제비츠는 지성뿐만 아니라 '용기'도 군사적 천재의 중요한 능력이라고 말한다. 특히 '용기' 중에서도 결단하는 능력으로서 '과단성'이 필요하다고 강조한다. 그리고 이러한 '과단성'은

---

25 『전쟁론 I』, 79~80쪽
26 『전쟁론 I』, 81쪽

지성이 용기를 특정한 방향으로 지도할 때 생기는 것으로, 클라우제비츠는 다음과 같이 말한다.

요컨대 결단은 과감한 행위가 필요하다는 것을 자각하고 이 필요에 비추어 의지를 규정하는 지성의 작용에 의해서 비로소 생기는 것이다. 지성의 이와 같은 매우 독특한 방향은 우선 마음의 동요와 주저를 극복하고, 이렇게 해서 마음에 잠재하는 공포를 모두 억누른다.[27]

또한 클라우제비츠는 이런 의미에서 감정이 격렬한가보다는 이러한 감정이 지성에 복종하는가가 중요하다고 말한다. 정념이 격동하는 때에도 지성의 명령을 이행하는 〈자제〉라는 힘이 잘 작동한다면 전쟁능력이 뛰어나다는 것이다. 격동하는 정념이 장수를 지배하지 않는 것은 감정과 균형을 유지하는 다른 정념이 존재하기 때문이다. 이런 의미에서 장수를 군사적 천재로 만드는 것, 항상 지성의 명령에 따르도록 하는 것은 심리적 균형을 잃지 않는 능력이라고 볼 수 있다. 따라서 전쟁에 있어 의지의 강력함은 그에 수반되는 감정의 강력함이 아니라 "아무리 격렬한 흥분 속에서도 결코 균형을 잃지 않"[28]는 능력으로 측정된다고 할 수 있다.

27　『전쟁론 I』, 82쪽
28　『전쟁론 I』, 88쪽

그런데 클라우제비츠는 이러한 '강한 성격'이 '고집'과는 구분되어야 한다고 말한다. '고집'은 지성에 대한 복종이 아니라 지성에 대한 반항이기 때문이다. 즉 고집은 "쓸데없이 반항적 감정에 움직여 남의 식견에 반항하게"[29] 되는 감정적인 반응에 불과하다는 것이다.

이와 같은 의미에서 군사적 천재는 지성과 용기 면에서 탁월한 사람이라고 할 수 있다. 뿐만 아니라 클라우제비츠는 '상상력'이나 '기억력' 등도 중요한 능력일 수 있다고 말한다. 왜냐하면 전쟁에서 토지와 지형을 파악하여 십분 활용하려면 "어떤 지형에 대해서도 즉각 올바른 기하학적 표현을 구상하고, 이에 입각해서 손쉽게 그 토지의 사정에 통하는 능력"[30]이 필요한데, 이러한 능력은 상상력에 속하며 직관적으로 생생하게 지형을 떠올리기 위해서는 강력한 기억력이 필요하기 때문이다.

그러나 클라우제비츠는 이러한 상상력이 지형에 대한 파악 이외의 작업에서는 오히려 군에 '해롭다'고 말한다. 이런 의미에서 감정과 마찬가지로 상상력이 격렬하게 움직이더라도 균형을 잃지 않는 지성의 힘이 필요하다고 할 수 있다.

이것은 장수의 모든 정신적인 힘은 지성의 통제 아래 있을 때 제대로 사용되고 발휘될 수 있다는 말이다. 즉 정신적인 능력을 사용

29　『전쟁론 I』, 94쪽
30　『전쟁론 I』, 95쪽

할 때 "지성의 힘이 반드시 함께 작용"[31]해야 한다.

이렇게 정신적인 것이 전쟁에 미치는 영향이 크다면, 그 힘에 대한 탐구가 당연히 전쟁 이론에 포함되어야 할 것이다. 그런데 정신적인 것은 탐구하기 매우 어렵다. 클라우제비츠는 이러한 곤란이 특히 상관으로 올라갈수록 증대된다고 말한다. 상급 지휘관일수록 정신적 개성이 전쟁에 미치는 영향이 커지며, 그러한 개성은 획일적인 이론으로는 포착할 수 없기 때문이다. 즉 "다종다양한 개성은 목표에 도달하기 위한 다종다양한 방법을 낳게 한다."[32]

그렇다면 일반이론은 불가능한가? 클라우제비츠는 그럼에도 불구하고 일반이론이 가능하다고 말한다. 왜냐하면 일반이론이 '적극적 학설', 즉 실질적이고 구체적인 행동에 대한 지정指定일 필요는 없기 때문이다. 클라우제비츠는 다음과 같이 말한다.

> 이론이 이와 같이 하는 것은 오직 사고의 철학적 법칙을 나타내고 모든 선이 향하는 점을 명확히 하기 위해서이지 이론의 고찰에서 말하자면 대수학적 공식을 안출해서 그것을 전자에서 사용하기 위한 것이 아니다. 요컨대 전쟁 이론에서의 원칙이나 규칙을 중요시하는 것은 장수가 생각하는 정신 안에 갖추게 될 운동의 요강을 규정하는 데에 있는 것으로, 전투에 있어서까지 이

---

31 『전쟁론 I 』, 97쪽

32 『전쟁론 I 』, 138쪽

정신을 말하자면 도정을 측정하기 위한 측량막대처럼 사용하기 위한 것이
아니다.[33]

전략과 전술

~~~~~~~~~

전쟁에 대한 일반이론은 우선 전략적 층위와 전술적 층위를 나눔
으로써 시작된다. 전술이 개개의 전투에 관련된다면, 전략은 이러
한 전투들의 '조합'과 관련이 있다. 다시 말해 전술이 전투력을 전
투에서 사용하는 것과 관련된다면, 전략은 전쟁 목적을 위해 전투
들을 사용하는 것과 관련된다.

이외에 전투력의 창설, 유지, 훈련에 관한 내용은 클라우제비츠
가 생각하는 좁은 의미의 전쟁 이론에 포함되지 않는다. 예를 들어
군대의 급양給養[34]은 전쟁 이론의 대상이 아니다. 반면 행진, 야영,
사영舍營 등은 실제 전투력의 사용으로 간주하여 클라우제비츠 자
신의 전쟁 이론에 포함시킨다. 또한 전쟁 이론은 전투력의 직접적
사용으로서의 전술과 전투력을 간접적으로 사용하며 전투를 직접
적으로 사용하는 전략으로 나뉜다.

---

33 『전쟁론 I』, 142쪽

34 영어로 Food Service

말하자면 전략은 전술보다 더 추상적인 층위에 존재하며, 동시에 더 정신적인 힘의 영향을 많이 받는다. 물론 전술에서 "정신작용이 전적으로 나타나지 않는 것은 아니"[35]며 전략도 간접적으로나마 물질적 무기에 관여하지만, 전술에서는 전략보다 물질이 더 중요하고 전략에서는 전술보다 정신이 더 중요한 것이 사실이다.

전략은 전쟁 이전에 수행한 전쟁계획과 정확히 일치하지는 않는데, 전쟁 이전의 정보가 완전하지 않을 수 있기 때문이다. 따라서 전략을 실행하는 사람은 현장에서 전쟁계획을 수정해야 한다. 그리고 이러한 전략을 세우는 것은 정부이지 군이 아니다. 그렇기에 전략에는 천재적이고 기발한 아이디어보다는 확실한 승리의 보장이 필요하다고 클라우제비츠는 말한다.

천재적인 능력은, 세인의 이목을 깜짝 놀라게 하는 새로운 발명의 행동 양식에 있는 것이 아니라, 오히려 전쟁이 전체로서 좋은 결과로 종결되는 데에 있다. 즉 그가 속으로 생각하고 있는 것이 모두 그대로 실현된다는 것이다.[36]

또한 최상위 전략에는 정신력의 "다종다양한 양과 관계가 복잡하게 얽혀"[37] 있다. 그리고 이러한 얽힘의 체계 자체가 정치적이다.

---

35 『전쟁론 I』, 140쪽
36 『전쟁론 I』, 202쪽
37 『전쟁론 I』, 203쪽

그리고 이러한 '전략'이 '전술'을 규정한다는 측면에서 전쟁은 "다른 수단에 의한 정치의 계속"이라고 할 수 있다. 클라우제비츠는 다음과 같이 쓴다.

> 이 영역에서는, 전략은 정치와 정략과 경계를 접하고 있다고 하느니보다는, 오히려 진략이 정치 및 정략 그 자체가 되는 것이다.[38]

이런 의미에서 전략에는 전술보다 더 정신적인 힘, 즉 지성과 군센 의지가 필요하다. 특히 군센 의지가 중요한데, 전략에 전술보다 더 강한 의지가 필요한 이유는 다음과 같다. 전술의 차원에서 각 지휘관은 모든 상황을 구체적으로 생생하게 파악할 수 있지만, 전략의 차원, 특히 최고 지휘관이 결정을 내리는 수준에서는 정보가 추상적이며 불완전하다. 이런 의미에서 클라우제비츠는 최고 지휘관이 "모든 것을 추측하고 추정하는 수밖에 없고 따라서 확신도 흔들리지 않을 수 없는 것이다"[39]라고 말한다. 따라서 전략에는 전술보다 흔들리지 않는 강한 의지가 더 필요하다.

---

38   『전쟁론 I』, 203쪽
39   『전쟁론 I』, 204쪽

엇갈리는 해석들

〰〰〰〰

클라우제비츠에 대해서는 여러 가지 서로 모순되는 해석들과 논쟁들이 존재한다. 주요 논쟁의 지점들 중 하나는 "클라우제비츠는 섬멸전의 사상가인가 아니면 소모전의 사상가인가?"이다. 이른바 〈절대 전쟁〉의 관점에서는 이러한 개념에 적의 군사력을 〈결전〉이라는 하나의 사건을 통해 섬멸한다는 의미가 내포되어 있으므로, 클라우제비츠를 섬멸전의 사상가로 보는 견해가 있다. 반면 〈현실적인 전쟁〉의 관점에서는 절대 전쟁, 혹은 전쟁의 이데아는 직접적으로 현전하지 않으며, 〈전쟁의 이데아〉로부터 멀어질수록 장기전이 되고 이러한 장기전으로서의 전쟁은 소모전의 성격을 띨 수밖에 없다.

예를 들어 몰트케Helmuth Johann von Moltke는 클라우제비츠를 섬멸전의 사상가로 해석하면서 "이상적 전쟁에 관한 저작들만 교의로서 널리 떠받들었다"[40]고 지적한다. 즉 클라우제비츠를 "전쟁의 이데아"를 추구한 사상가로 받아들인 것이다. 이렇게 되면 자연히 전쟁에서 속전속결이 대단히 중요해진다. 실제로 몰트케는 "오늘날 전쟁 지휘의 특성을 요약하자면 대규모의 적을 신속히 격멸하는 것을 추구하는 것이다. (…) 전쟁을 신속하게 종결할 수밖에 없

---

40 『클라우제비츠의 전쟁론 읽기』, 224쪽

다"[41]라고 하였다. 그리고 많은 군사 전문가도 클라우제비츠를 이러한 섬멸전의 사상가로 받아들이고 있다.

반면 한스 델브뤼크Hans Delbruck라는 사람은 클라우제비츠를 이중적인, 분열된 사상가로 받아들였다. 델브뤼크는 인간들에게는 언제나 절대 전쟁을 추구하는 경향과 제한적인 현실적 전쟁을 추구하는 경향이 공존했다고 주장하면서 각각을 타도전략과 소모전략이라고 불렀다. 그리고 클라우제비츠에게 있어서 '현실적인 전쟁'이 중요한 만큼 소모전략도 중요하다고 주장했다. 델브뤼크의 이러한 주장은 많은 반대에 부딪혔다.

델브뤼크는 이들과 대립했다. 이들은 적의 군사력을 철저하게 섬멸하는 것만이 전투에서 유일하게 추구해야 할 목표라고 생각했다. (…) 델브뤼크가 섬멸전을 지지하는 대신 소진전략을 논하면서 "황폐화, 점령지에서의 징발, 해군을 이용한 봉쇄를 통한 교역 방해 같은 방법" 등 전통 이외의 수단을 이용해야 한다는 결론을 내렸다는 점에 주목할 필요가 있다. 실제로 그는 경우에 따라 전투를 벌이지 않고 이 같은 '우회적 방법'으로 전쟁에 승리할 수 있다고 생각했다.[42]

이러한 의미에서 클라우제비츠의 텍스트는 분명 '분열적'이고

---

41 『클라우제비츠의 전쟁론 읽기』, 224쪽에서 재인용

42 『클라우제비츠의 전쟁론 읽기』, 235~236쪽

다양한 방식으로 해석될 수 있음에도 불구하고, 섬멸전의 옹호자이자 "대량학살의 예언자"[43]로 불리고 있는 것이다.

심지어 클라우제비츠는 제1차 세계대전과 같은 '총력전의 옹호자'로 불리기도 한다. 『클라우제비츠의 전쟁론 읽기』의 저자인 베아트리체 호이저의 경우에는 클라우제비츠가 총력전의 옹호자가 아니라고 주장하기는 하지만 '절대 전쟁'과 '총력전'을 구별하지 못하고 혼동하고 있다는 점에서 다른 해석자들과 크게 다를 바가 없다.

오직 폴 비릴리오만이 '절대 전쟁'과 '총력전'을 적절하게 구별한다. 그에 의하면 '총력전'으로서의 제1차 세계대전은 '소모전'으로, 섬멸전과는 무관하다. 또한 제1차 세계대전은 '병참학적 전쟁'으로 불릴 만큼 병참이 중요했지만, 클라우제비츠가 절대 전쟁의 이념에 근접한 것으로 평가하는 나폴레옹의 전쟁은 "병참학적 노력이 별로 중요하지 않"은 전쟁이었다.[44]

국내에서는 이진우라는 철학자가 "전쟁은 다른 수단에 의한 정치의 계속"이라는 명제를 이해하면 클라우제비츠를 모두 이해할 수 있다면서 〈현실적 전쟁〉만을 강조하는 해석을 하고 있다.[45] 그러

---

43 『클라우제비츠의 전쟁론 읽기』, 241쪽

44 폴 비릴리오, 『속도와 정치』, 이재원 옮김, 서울: 그린비, 2016, 123쪽

45 이진우는 다음과 같이 쓰고 있다.

전쟁과 정치는 어떤 관계에 있는가? 여기서 우리는 클라우제비츠의 가장 유명하고 가장 논란이 많은 명제와 만난다. "전쟁은 단지 다른 수단으로 정치를 계속하는 것이다." 클라우제비츠가 본격적인 전쟁철학과 이론을 전

나 들뢰즈와 가타리는 '현실적인 전쟁'뿐만 아니라 '절대 전쟁'도 중요하다고, 심지어 더 중요한 것은 '절대 전쟁'이며 이러한 절대 전쟁은 이미 벌어지고 있다고 말한다. 이는 들뢰즈와 가타리를 다룰 때 다시 논의하기로 하자.

결론

~~~~~~~~

클라우제비츠를 읽는 재미는 그가 선험적인 것과 경험적인 것, 본질적인 것과 변화하는 것, 절대적인 것과 현실적인 것 사이에서 아슬아슬하게 균형을 잡고 있다는 점에 있다. 독자는 절대적인 전쟁을 통제하고 제어하려는 정치적인 지성과 이러한 지성적 계산으로부터 도주하려는 이념으로서의 전쟁 사이에 박진감 넘치는 대결을 보게 된다. 이것은 마치 프로이트에 있어서 자아^{ego}와 이드^{id}의 대결을 보는 것과 같다.

또한 클라우제비츠는 최고 지휘관의 천재성이 중요하다고 말한다. 그가 말하는 '천재'란 칸트의 〈천재〉와 마찬가지로 기존의 규칙을 따르는 자가 아니라 새로운 규칙을 발명하는 자이다.

개하기 전에 1장 24절의 제목으로 사용하는 이 명제를 이해하면 『전쟁론』 전체를 이해했다고 해도 과언이 아니다. 클라우제비츠라는 이름은 그가 사용하는 전쟁론을 대변하고, 전쟁론은 바로 이 명제로 압축된다.
(이진우, 『클라우제비츠의 전쟁론』, 서울: 흐름출판, 2015, 93~94쪽)

규칙은 천재에게 너무 밋밋하다. 긍지를 갖는 천재는 규칙을 무시해도 좋다. 어떻든 천재는 규칙을 자유자재로 다룰 수 있다. 이에 반해서 사소한 규칙들 사이를 기어다녀야 하는 군인이야말로 가엾지 않은가. 천재의 행동이 곧 가장 뛰어난 규칙이어야 한다.[46]

칸트는 『판단력 비판』에서 다음과 같이 말한다. "천재란 예술에 규칙을 부여하는 재능(천분)이다."[47] 들뢰즈는 칸트의 이러한 천재가 규칙을 만들어냄으로 "모든 능력들의 초감성적 통일을 표현"[48]한다고 말하는데, 클라우제비츠의 군사적 〈천재〉 또한 "심적인 여러 힘의 조화로운 합일"[49]을 표현한다.

클라우제비츠는 또한 전쟁에 있어서 우연을 강조하는데, 이는 마키아벨리의 『군주론』을 연상하게 한다. 마키아벨리의 〈포르투나〉 개념은 우연성을 의미한다. 마키아벨리는 다음과 같이 쓰고 있다.

저는 군주의 대처방식이 시대와 상황에 적합할 때 성공하고, 그렇지 못할 때 실패하게 된다고 믿습니다. (…) 상이한 결과가 발생하는 이유는 그들의 행동양식이 그들이 행동하는 상황에 부합하는가에서 찾을 수 있습니다. (…) 두

---

46 『전쟁론 I 』, 134쪽
47 임마누엘 칸트, 『판단력 비판』, 최재희 옮김, 서울: 박영사, 2020, 169쪽
48 질 들뢰즈, 『칸트의 비판철학』, 서동욱 옮김, 서울: 민음사, 2006, 109쪽
49 『전쟁론 I 』, 77쪽

사람이 똑같은 방법으로 행동했지만, 한 사람은 성공하고 다른 한 사람은 실패할 수 있습니다.[50]

여기서 〈포르투나〉는 〈시대와 상황〉, 즉 외부성 또는 우연성을 의미한다. 마키아벨리는 이 〈포르투나〉가 격류가 흐르는 강을 이루지만 이러한 강이 범람하지 않도록 둑을 쌓을 수 있으며, 또 쌓아야 한다고 말한다. 이는 클라우제비츠가 강조한 외부성과 우연성의 힘에 대처하는 지휘관의 태도와 일치한다.

이렇게 서로 다른 텍스트들을 『전쟁론』과 교차해서 읽으면 많은 흥미로운 결과를 얻을 수 있다. 또 클라우제비츠의 사상은 르네 지라르, 칼 슈미트, 질 들뢰즈에게 영향을 주었다. 다음 챕터에서는 르네 지라르가 자신의 방식대로 해석한 클라우제비츠에 대해 알아보자.

---

50 니콜로 마키아벨리, 『군주론』, 강정인 · 김경희 옮김, 서울: 까치글방, 2023, 171~172쪽

참고문헌

〰〰〰

- 니콜로 마키아벨리, 『군주론』, 강정인·김경희 옮김, 서울: 까치글방, 2023
- 베아트리체 호이저, 『클라우제비츠의 전쟁론 읽기』, 서울: 일조각, 2016
- 이종학, 『클라우제비츠와 전쟁론: 클라우제비츠의 생애와 사상』, 서울: 주류성, 2018
- 이진우, 『클라우제비츠의 전쟁론』, 서울: 흐름출판, 2015
- 임마누엘 칸트, 『판단력 비판』, 최재희 옮김, 서울: 박영사, 2020
- 질 들뢰즈, 『칸트의 비판철학』, 서동욱 옮김, 서울: 민음사, 2006
- 칼 폰 클라우제비츠, 『전쟁론 I』, 허문순 옮김, 서울: 동서문화사, 2016
- 칼 폰 클라우제비츠, 『전쟁론 II』, 허문순 옮김, 서울: 동서문화사, 2016
- 폴 비릴리오, 『속도와 정치』, 이재원 옮김, 서울: 그린비, 2016

르네 지라르는...

문학평론가이자 사회인류학자. 1923년 남프랑스 아비뇽에서 태어나 1947년
파리 고문서학교 졸업 후, 미국 인디애나대학에서 역사학 전공.
'모방 이론'의 아버지로, 욕망의 모방적 성격을 발견하여 폭력과 종교에 대한
새로운 인류학을 창설하고자 시도했다. 그의 관심은 보통 소설 속의 인물들
이 어떻게 욕망하는가 하는 인간 욕망의 구조를 밝혀내는 데서 출발한다.

II

르네 지라르의
클라우제비츠

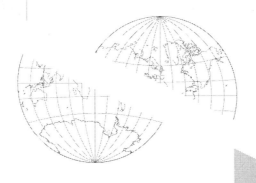

II

르네 지라르의
클라우제비츠

르네 지라르 사상 개관

~~~~~~~~~

르네 지라르Rene Girard에 의하면 희생양에 대한 박해는 제도, 신화, 사회의 '초석'을 이루며, 희생제의는 이러한 초석적 살해의 반복이다. 그런데 기독교에 의해 이러한 희생양 박해의 폭력이 명징하게 드러남으로, 공식적으로는 희생양에 대한 박해가 금지되었다. 이것은 인간성의 진보라고 말할 수 있다. 그런데 이러한 희생양에 대한 폭력이 금지되자, 다른 종류의 폭력이 수면 위로 떠올랐다.

르네 지라르는 희생제의가 복수의 연쇄작용으로 인해 사회가 폭파되지 않도록 하는 일종의 '안전핀'으로 작동해 왔다고 말한다. 한 사람과 다른 사람이 이렇게 무한한 복수의 연쇄작용 속으로 들어가지 않으려면 희생물로 바칠 제3자가 필요하다는 것이다. 지라르는 다음과 같이 쓰고 있다.

> 원시인들은 형식적인 수준에서 복수의 균형을 깨뜨리려 애썼다. 우리와는 반대로 그들은 동일한 폭력의 반복을 잘 깨닫고서 〈다른〉 폭력으로 끝을 내려 했다.[1]

> 제의의 기능은 폭력을 〈순화시키는 것〉에, 다시 말해 폭력을 〈속여서〉 복수받을 위험이 없는 희생물에게로 향하게 하는 데에 있다.[2]

말하자면 원시사회에서 폭력은 전염성을 가지고 있었다는 것이다. 폭력은 일종의 물리학적 법칙을 따르는 전자기적인 유체로서 대상에 '침투'하는 것이었다. 그렇기에 이러한 '물체'로서 폭력에 물든 사람들은 다른 '물체'(=폭력)를 통해서만 〈순화〉되는 것이다. 왜냐하면 원시사회에서는 하나의 사물에 모순된 두 가지 속성이 있는 것으로 여겼고, 〈시간의 가역성〉이 가능하다고 생각했기 때문이다.

---

1   르네 지라르, 『폭력과 성스러움』, 김진식 · 박무호 옮김, 서울: 민음사, 2020, 45쪽
2   『폭력과 성스러움』, 58쪽

똑같은 하나의 물체를 더럽히면서 동시에 씻어내고, 불순하게 하면서 동시에 순화시키고, 인간을 광란과 광기의 죽음으로 몰아넣으면서 동시에 진정시켜서 인간을 회복시킨다는 것 (…)[3]

그런데 이와 같이 희생제의를 통한 해결은 근대사회에서는 사라졌다. 복수를 '제도화'함으로써 복수의 무제한적 폭발을 막는 근대사회의 '안전핀'은 바로 사법 질서이다. 지라르에 의하면 "인간이 연쇄적 복수를 피하기 위해" 사용한 수단들에는 ① 희생제의 ② 결투 ③ 재판제도가 있다. 그런데 그는 여기서 재판제도가 합리적 외양 아래 자신이 본질적으로는 복수라는 사실을 감추고 있다고 말한다. "사법제도는 복수를 〈합리화하면서〉 동시에 뜻하는 대로 억제하고 근절시키는 데 성공한다."[4]

그럼에도 불구하고 르네 지라르는 희생제의와 사법제도 중 어느 것 하나에 우위를 부여하지 않는데, 사법제도가 성립하기 위해서는 강력한 중앙집권적 권력이 필요하기 때문이다. 이런 의미에서 지라르는 사법제도가 일종의 양날의 검일 뿐만 아니라 오늘날 치명적인 위기에 봉착했다고 말한다.

이러한 사법제도의 붕괴로 이제 고삐 풀린 폭력이 사회 속에 퍼

---

3   『폭력과 성스러움』, 59쪽
4   『폭력과 성스러움』, 39쪽

져 나가고 있다. 사법제도의 붕괴는 '신의 죽음'에서 비롯된다. 왜냐하면 사법제도는 "재판의 진실성을 보장해 주는 어떤 신학"[5]에 근거하고 있기 때문이다. 모든 종류의 초월성, 심지어 법의 초월성마저도 사라진 세계에서는 폭력의 합법성과 불법성을 가르는 기준이 자의적으로 변한다. 이렇게 희생제도와 사법제도가 무용지물이 된 상황에서는 '결투'가 모든 것을 결정하는 최종심급이 된다.

페스트의 무차별적인 전염처럼 모든 사회구성원의 '차이'를 사라지게 만드는 위기를 지라르는 〈희생위기〉라고 부른다. 이러한 희생위기의 상태에서는 불순한 폭력과 순수한 폭력의 '차이'가 붕괴된다. 그리고 이러한 '차이'의 상실은 "총체적인 문화 질서의 위기"가 된다. 왜냐하면 문화는 제도화된 차이들과 다름이 없기 때문이다. 또 이러한 차이의 질서로 문화를 파괴하는 것은 순수와 불순의 '차이'를 파괴하는 것이다. 즉

〈희생위기〉, 다시 말해서 희생의 파멸은 불순한 폭력과 순화적 폭력의 차이의 파멸이다. 이 차이가 상실될 때, 더 이상 순화작용은 존재하지 않으며 해롭고 전염성이 강한 폭력, 즉 상호적 폭력이 공동체에 퍼져 나간다.
순수한 것과 불순한 것의 차이인 희생제의의 차이가 사라질 때는 항상 다른 모든 차이들도 소멸하게 된다.[6]

5   『폭력과 성스러움』, 41쪽

6   『폭력과 성스러움』, 76쪽

이러한 상호적 폭력은 〈상호 모방〉을 통해 걷잡을 수 없이 퍼져 나가게 된다. 또한 상호적 폭력의 경쟁 상태는 이러한 〈모방〉이 일어날 수밖에 없도록 만든다. 그리고 이렇게 모방을 촉진하면서 상호적 폭력은 궁극적으로 적대자들 사이의 '차이'를 삭제한다.

지라르에 의하면, 타르드Jean Gabriel Tarde는 '모방'이 사회를 구성하는 원리라는 사실은 밝혀했지만, "모방의 폭력성"을 들추어내지는 못했다. 그러면서 지라르는 인간이 구성한 많은 제도들이 희생양 메커니즘에 기반해 있다고 말한다. 이러한 메커니즘은 〈폭력적인 모방〉에 의한 사회적인 위기에서 모든 폭력을 두드러진 한 사람에게 뒤집어씌움으로 희생양을 생산해내며, 이러한 희생양은 죽음 이후에 신격화된다. 그리고 이러한 최초의 살해는 제의를 통해 상징적으로 반복된다. 지라르는 다음과 같이 쓰고 있다.

하지만 타르드는 모방의 폭력성을 보지 못했습니다. 또한 인간관계의 다른 얼굴인 폭력적인 모방도 지적하면서 희생양 메커니즘에 근거해 있는 모든 제도의 뿌리에 모방이 있다는 것도 보여 주어야 할 것입니다. 모방적인 폭력의 순간이 있습니다. 이 폭력은 모든 사람이 갈수록 상징적으로 변해 가는 대상을 획득하려고 후에 경쟁자가 될 타인을 모방하는 데서 나옵니다. 폭력은 집단 속에 아주 많이 퍼져 나가는데, 하나가 된 집단은 너무 두드러져서 걱정스러운 한 개인에게 자신들의 폭력을 집중함으로써 자멸을 무의식중에 피하게 됩니다. 모방은 이처럼 위기의 원인이기도 하지만 동시에 위기 해결의 동력이기도 합니다. 희생되고 난 뒤의 희생양은 항상 신격화됩니다. (…)

그런 다음 제의는 사람을 동물이나 다른 제물로 바꾸는 대체 희생을 행하면서 첫 번째 희생을 반복합니다.[7]

그는 또한 비극에서도 이러한 모방적 폭력이 잘 드러난다고 말한다. 비극은 〈대칭 요소들의 대립〉으로 구성되어 있다는 것이다. 즉 두 인물의 대립이 플롯을 끌고 가며, 여기에 제3자는 결정적으로 개입하지 못한다. 이런 의미에서 "비극적 갈등은 일대일 결투의 칼을 말로 대체한 것"[8]이라고 할 수 있다. 그리고 이러한 2자 관계 속에서 폭력의 상호작용은 점점 강해진다. 말하자면 이것은 〈거울 효과〉를 생산하는 모방의 관계인 것이다. 이런 의미에서

비극의 적대자들 사이에 아무런 차이가 없는 것은 폭력이 그것들을 모두 지워버렸기 때문이다. (…) 비극적 경쟁 상태가 확대되면서 경쟁이 폭력의 〈모방〉을 더 촉진할수록 이 경쟁 상태는 적수들 사이의 거울 효과를 더욱 증대시킨다.[9]

이러한 '거울 효과'에 의해 사람들이 점점 더 비슷해짐에도 불구

---

7   르네 지라르 · 브누아 샹트르, 『클라우제비츠 전쟁론 완성하기』, 김진식 옮김, 파주: 한길사, 2024, 131쪽
8   『폭력과 성스러움』, 70쪽
9   『폭력과 성스러움』, 74쪽

하고 〈차이의 질서〉로서 '문화'를 재생산하고 무차별성의 혼돈에 떨어지지 않으려면, 억지로 사람들 사이의 '차이'를 생산해내야 한다. 예를 들어 형제들의 유사성은 원시사회에서 극렬하게 부정된다.

이 두 형제에게 유사성을 부여하는 것은 결국 그들을 공동체 전체에 대한 위협으로 보는 것이며 그들이 해로운 전염병을 퍼뜨린다고 비난하는 것이다.[10]

신화에서 형제 사이의 유사성은 "갈등의 대칭 상태"[11]를 만들어내는데, 사회에서는 이러한 유사성을 '폭력'으로 파악한다. 두 사람의 욕망이 동일한 것을 향하기에 더러움을 씻어내고 욕망의 대상을 독차지하기 위해 노력하는 과정에서 형제들 사이에 서로를 파괴하고자 하는 욕구가 강렬해진다는 것이다. 그리고 신화 속에서 〈원수 형제〉들이 행사하는 상호적, 모방적 폭력에 의해 〈차이의 체계〉로서 상징체계 전체가 파괴된다. 즉 "차이들을 파괴하는 것은 바로 도처에 산재된 폭력적 상호성의 작용인데, 이 작용은 결코 확실히 드러나지 않는다."[12]

이러한 폭력적 상호작용 속에서는 반대편에 있는 사람들이 "합

---

10 『폭력과 성스러움』, 92쪽

11 『폭력과 성스러움』, 96쪽

12 『폭력과 성스러움』, 99쪽

법성의 찬탈자"[13]로 보이지만, 실은 같은 편에 있는 사람들도 마찬가지로 합법성을 찬탈하거나 약화시키고 있다. 말하자면 사람들은 대칭성을 파괴하려고 노력하지만 바로 이 시도 속에서 대칭성이 유지되는 것이다. "상호성을 파괴하기 위한 쌍방의 노력에 의해서 그 상호성은 그때마다 더 강화된다."[14]

모방과 상호작용

~~~~~~~~~

그리고 이러한 폭력적 상호작용은 상호 '모방'에 의해 작동한다. 르네 지라르는 클라우제비츠의 〈절대 전쟁〉이 바로 이러한 '모방'이라는 '상호 행위'를 통해 극한으로 치닫는 상호 폭력이라고 말한다. 그리고 전쟁이 "다른 수단에 의한 정치의 계속"이라는 말은 오히려 클라우제비츠의 이론의 독창성과 완결성을 스스로 해치고 있다고 말한다.

지라르는 문학 작품들을 분석한 『낭만적 거짓과 소설적 진실』이라는 책에서 진정한 의미의 현대 소설은 모든 욕망이 대상과의 자연발생적이고 직접적인 관계에 의해 만들어지는 것이 아니라, 반

---

13 『폭력과 성스러움』, 111쪽
14 『폭력과 성스러움』, 111쪽

드시 '간접적인 중개자'인 타자에 대한 모방 욕구에서 나온다는 것을 보여 준다고 말한다. 이런 의미에서 인간은 타인이 소유한 것을 욕망한다고 할 수 있다. 즉 "그 대상을 소유함으로써 타인과 같은 존재가 되기를"[15] 원한다는 것이다.

예를 들어 현대 소설의 효시인 세르반테스의 『돈키호테』에서 '중개자' 역할을 하는 아마디스는 신적, 전실적 존재로서 '외면적 간접화'의 효과를 불러일으킨다. 반면에 세르반테스 이후의 천재 소설가들에게 중개자는 '내면적 간접화'의 효과를 불러일으키는 '평범한 이웃'이 된다.

그런데 놀랍게도 르네 지라르는 이렇게 주체와 중개자의 거리가 가까워질수록 질투와 시기의 강도도 거세지며 이제 욕망의 대상은 물리적인 것에서 형이상학적인 것으로 변모한다고 말한다. 더 놀라운 것은 이렇게 욕망의 주체와 중개자의 거리가 가까워지면서 욕망의 주체가 중개자가 되고, 중개자가 욕망의 주체가 되어 이른바 '상호 모방'으로 나아가게 된다는 것이다.

특히 폭력의 상호 모방은 우리의 일상 속에 깊숙이 들어와 있다. 예를 들어 오늘날의 테러범들은 자신들의 테러를 독립적인 사건이 아닌 상대방의 폭력에 대한 〈모방 행위〉라고 주장한다. 지라르는 다음과 같이 말한다.

---

15 『클라우제비츠 전쟁론 완성하기』, 143쪽

테러는 상대방 공격에 대한 방어라는 뛰어난 명분에서 힘을 얻고 있습니다. 언제나 테러는 공격에 대한 대응이라고 자신을 정당화합니다. 말하자면 테러는 상호성에 기초합니다.[16]

그런데 이러한 상호적 폭력의 모방은 비단 테러 행위에만 존재하는 것이 아니다. 지라르는 다음과 같이 쓰고 있다.

히틀러가 전 국민을 동원할 수 있었던 것은 베르사유 조약과 라인란트 점령의 치욕에 '대응'한다고 말했기 때문이고, 스탈린이 히틀러에 대해 결정적인 승리를 거둔 것은 독일의 점령에 '대응'한다고 말했기 때문입니다.[17]

그는 전쟁에서 이와 같은 '상호 모방'에 의해 폭력이 극단으로 치달을 가능성을 통찰해낸 사람이 바로 클라우제비츠라고 말한다. "여기서 우리가 모방 갈등이라 부르는 것과 흡사한 '극단으로 치달기'라는 경쟁에 대한 멋진 정의가 나오고 있습니다."[18] 그럼에도 지라르는 클라우제비츠가 이러한 〈절대 전쟁〉을 "현실과 맞지 않는 순전히 '논리적인' 환상"[19]으로 생각했다고 말한다.

---

16 『클라우제비츠 전쟁론 완성하기』, 110쪽
17 『클라우제비츠 전쟁론 완성하기』, 121쪽
18 『클라우제비츠 전쟁론 완성하기』, 101쪽
19 『클라우제비츠 전쟁론 완성하기』, 102쪽

오늘날은 기술매체의 발달로 어떠한 사소한 사건들이 지구 반대편에 있는 사람의 원한을 증폭시킬 수 있게 되면서, 고삐 풀린 폭력의 악순환이 발생하게 되었다. 특히 이러한 상호적 폭력을 제3자인 〈희생양〉에게 돌리지 못함으로 세계는 점점 종말론적 상황을 향해 나아가고 있다. 그런데 이러한 종말론은 역설적으로 헤겔적인 것으로 〈개념〉과 〈현실〉의 일치, 즉 '절대 전쟁'이라는 개념 또는 이념의 현실 속의 현현顯現을 의미하게 되었다.

'화해'의 불가능성과 전쟁

실제로 지라르는 헤겔Georg Wilhelm Friedrich Hegel과 클라우제비츠를 비교하고 있다. 둘 다 개념과 현실의 '변증법'을 전개시키지만 헤겔의 '종합'은 절대자로 나아가는 결론을 긍정하는 반면, 클라우제비츠는 이러한 개념과 현실의 합일에 양가감정을 가지고 있다.

> 클라우제비츠는 이것을 두려워하는 동시에 바라고 있습니다. (…) 클라우제비츠는 절대 지식과 이 지식을 향한 관념적인 진보라는 야망을 파괴하러 나타났다고 말할 수 있을 것입니다.[20]

---

20   『클라우제비츠 전쟁론 완성하기』, 146쪽

르네 지라르는 헤겔적 의미의 이성이 역사에서 작동하지 않는다고 말한다. 즉 헤겔적 의미의 〈화해〉가 불가능한 세계로 치닫고 있다는 것이다. 클라우제비츠는 이런 의미에서 상호적 폭력이 고삐풀리게 되는 시대를 예감하고 있다고 할 수 있다. 이렇게 극단으로 치닫는 폭력이 지배하는 세계에서는 더 이상 '이성의 간지'가 존재하지 않는다. 이런 의미에서 지라르는 다음과 같이 쓰고 있다.

> 클라우제비츠는 실증주의자들이 국가의 필요성이나 진보주의라는 말로 희화화하는 역사인 '표면적 역사'의 도약 뒤에서 헤겔이 보고 있는 '진정한 역사'라는 것을 절대 믿지 말라고 알려 주고 있습니다.[21]

말하자면 현실적 사건 뒤에서 숨 쉬고 있는 잠재적 사건은 오직 클라우제비츠적 의미의 '절대 전쟁'뿐이라는 것이다. 르네 지라르에 의하면, 클라우제비츠는 이런 의미에서 정치적 이성이 절대적 폭력을 제어해야 한다는 당위와 이미 이런 이성의 통제력이 퇴락해 가고 있다는 사실 사이에서 동요하고 있다: "그는 (…) 역사의 가속화된 움직임과 함께 이성을 상실한 역사가 미쳐 가는 것을 끔찍할 정도로 명석하게 관찰합니다."[22]

21　『클라우제비츠 전쟁론 완성하기』, 160쪽
22　『클라우제비츠 전쟁론 완성하기』, 155쪽

실제로 클라우제비츠는 정치적 목적이 "전제적인 입법자가 아니"며, 전쟁의 성질에 적합해야 하고 심지어는 전쟁에 의해 그 본성이 변경되는 경우도 있다고 말한다.[23] 또한 두 집단 간의 적대적 의지가 강렬하면 사소한 사건이 "이러한 동인의 본성을 훨씬 넘을 정도의 결과, 즉 폭발에 못지 않은 사태를 초래"할 수 있다고도 말한다.[24] 말하자면 〈절대 전쟁〉은 사소한 이유에서 이성의 통제를 넘어 언제든지 현현할 수 있다는 것이다.

지라르는 헤겔의 역사 해석을 넘어 자신과 클라우제비츠의 '모방적 해석'을 인류의 전 역사로 확장할 수 있다고 말한다. 오늘날의 분쟁은 한 사회와 다른 사회 간의 '차이'에서 발생하는 것이 아니며, 오히려 닮아 있고 점차 닮아 가는 두 사회 사이의 모방적 폭력의 행사라는 것이다. 지라르는 다음과 같이 말한다.

예컨대 오늘날 진행되고 있는 중국과 미국 사이의 갈등은 9·11 사태 때 우리를 오도하려 했던 '문명의 충돌'과는 아무런 관련이 없다는 것을 오늘날 사람들은 다 알고 있습니다. 이런 일이 일어나는 것은 차이가 없는 곳에서 여전히 차이를 보려고 하기 때문입니다. 사실 점점 더 닮아 가는 두 자본주의 사이의 대립이 진짜 문제입니다.[25]

23　칼 폰 클라우제비츠,『전쟁론 I』, 허문순 옮김, 서울: 동서문화사, 2016, 54쪽

24　『전쟁론 I』, 44쪽

25　『클라우제비츠 전쟁론 완성하기』, 161쪽

혹자는 클라우제비츠의 〈절대 전쟁〉을 헤겔적 의미의 '인정 투쟁'으로 볼 수도 있다고 말하지만, 지라르에 의하면 "상대를 섬멸하길 원하는 것은 인정받는 것과는 아주 다른 것"[26]이다. 그리고 절대 전쟁의 현현은 역시 역사의 종말이지만, 프랜시스 후쿠야마 등 낙관적 헤겔주의의 '역사의 종언'과는 완전히 다른 우울한 종말이다.

헤겔의 관점에서 모든 갈등과 전쟁은 '화해'라는 역사의 궁극적 목적지에 도달하기 위한 일종의 '성장통'에 불과하다. 지라르는 아직도 많은 사람들이 이런 헤겔적인 도식에 사로잡혀 "나쁜 상호성이 좋은 상호성의 징조"[27]라고 보는 시각을 가지고 있음을 안타까워한다. 그러나 폭력에 의한 오늘의 고통은 내일의 평화로운 삶을 위해 치러야 할 대가가 아니다. 지라르는 다음과 같이 쓰고 있다.

> (폭력이) 세계 평화를 뒤로 지연하는 방법인, 화해 이전에 극복해야 하는 마지막 장애물이라는 알리바이를 받아들이게 되면 폭력이 증가하는 것은 필연적일 수밖에 없습니다. '화해 이전에는 항상 더 많은 폭력이 필요하다'는 식입니다.[28]

그런데 지라르에 의하면 폭력은 폭력에 의해 사라지는 것이 아

---

26 『클라우제비츠 전쟁론 완성하기』, 157쪽
27 『클라우제비츠 전쟁론 완성하기』, 168쪽
28 『클라우제비츠 전쟁론 완성하기』, 168쪽

니다. 그는 이러한 '폭력에 대항하는 폭력'으로서 모방적 폭력의 위험성에 대해 클라우제비츠가 깊이 알고 있었다고 말하면서, 폭력적 모방이 아니라 평화적 모방만이 진정한 의미의 평화를 가져온다고 말한다.

상호적 폭력성은 『전쟁론』에서 말하는 '삼위일체'에 의해서는 통제될 수 없는 것이다. 즉 상호적 폭력의 모방은 반드시 단 한 번의 '결전'을 통해서 폭발하게 되어 있다. 여기서 결전이란 앞에서 말한 폭력의 무제한적이고 순간적인 폭발을 의미한다. 통치자는 이러한 결전의 도래를 미루지만, 이러한 지연은 폭력의 도래를 "더 결정적인 것으로"[29] 만든다. 결국 상호적 폭력의 증대가 최후의 결전의 도래를 지시하는 것이다. 이런 의미에서 결전은 전쟁에 있어서 "단 하나의 유일한 상호 행위"[30]이다. 르네 지라르는 다음과 같이 말한다.

클라우제비츠는 공격 전쟁보다는 훨씬 더 '극단으로 치닫기를 원합니다.' 그에게는 결투가 바로 전쟁의 현실이기 때문입니다. (⋯) 상호 행위는 때로는 전투 개입으로 결전을 재촉하기도 하고, 또 때로는 더 결정적인 개입을 준비하려고 결투를 지연하기도 합니다.[31]

---

29 『클라우제비츠 전쟁론 완성하기』, 184쪽
30 『클라우제비츠 전쟁론 완성하기』, 184쪽
31 『클라우제비츠 전쟁론 완성하기』, 184쪽

다시 말해 결전은 모방적 폭력이 존재하는 곳에서 언젠가 일어날 필연적인 사건이며, 삼위일체는 "결전을 (…) 시간 속에 편입"[32]시킨다는 것이다.

따라서 폭력의 모방으로는 결전을 막을 수 없다. 그렇다면 '교환'의 세계화는 묵시록적인 '최후의 결전'을 막을 수 있을까? 사람들은 세계 시장이 평화를 촉진한다고 말한다. 그러나 클라우제비츠에게는 전쟁과 교환이 같은 것이다. 무역의 배후에 국가의 무력이 있기 때문이다. 무역 역시 '다른 수단을 통한 전쟁의 계속'인 것이다. 이것은 원시사회의 '증여'를 탐구함으로써 명징하게 나타낼 수 있다. 원시사회에서 '증여'와 '답례' 사이에 충분한 시간 간격이 존재하지 않으면, 둘 사이에 상호성, 즉 상호적 모방이 성립하게 되며 좋은 상호성으로 출발하더라도 나쁜 상호성으로 나아가기 쉽다. 말하자면 '증여'와 '답례'가 동시에 이루어지는 '교환'의 관계는 전쟁으로 치닫기 쉽다.

타인이 저에게 준 선물은 이전에 제가 그에게 한 선물과 결코 똑같은 것이 아닙니다. 값어치가 더하거나 덜할 수도 있지만, 되돌려 주기가 곧장 일어나지 않으면 아무도 이를 깨닫지 못할 것입니다. 역으로 되돌려 주기가 너무 빨리 일어나면 처음에는 단순한 오해나 잘못된 해석에서 시작된 복수를 유발할

---

32 『클라우제비츠 전쟁론 완성하기』, 184쪽

수 있습니다. 당사자들은 각자 상대가 갖고 있다고 추정하는 적의에 과장된 반응을 드러냄으로써 '좋은 상호성'이 '나쁜 상호성'으로, 화합이 불화로 아주 빠르게 변하게 됩니다. (…) 무역 규정들이 그렇게 복잡한 것도 이 때문입니다. 이 규정들은 언제나 다시 나타나는 경쟁의 '최고 법칙'인 상호성을 감추려 합니다.[33]

심지어 클라우제비츠는 화폐 거래 또한 하나의 전쟁이라고 결론 내린다. 말하자면 무역은 연속적인 저강도 전쟁이라는 것이다. 실제로 오늘날 미국과 중국의 '무역전쟁'이 무력을 사용한 전쟁의 도발까지 나아가고 있음을 볼 때, 클라우제비츠와 지라르의 통찰은 빛을 발한다. 지라르는 다음과 같이 말한다.

한 국가가 경쟁에서 이기지 못하면 불공정한 경쟁 탓으로 돌리는 경향이 있습니다. 보호무역주의는 경쟁이 군사적 충돌로 확대될 수 있는 순간을 알려 줍니다. 클라우제비츠는 당연히 영국에 대한 나폴레옹의 증오를 생각했습니다. 나폴레옹이 유럽을 황폐화하고 영국에 대해 그렇게 격렬한 전투를 벌인 것은 무역 문제 때문이었습니다.[34]

지라르는 화폐-물신주의가 발생하는 이유가 화폐가 화해를 만

---

33 『클라우제비츠 전쟁론 완성하기』, 187쪽
34 『클라우제비츠 전쟁론 완성하기』, 189쪽

들어낸 희생양의 대체물이었기 때문이라고 말한다. 또한 지라르에 의하면, 상품 교환은 폭력의 교환을 대신하지만 그 안에는 "예전의 치고받은 기억이 언제나 들어 있"[35]다. 특히 화폐는 희생양의 대체 물이기에 화폐 안에는 초석적 폭력의 흔적이 담겨 있다. 이런 의미에서 화폐가 폭력을 방지하는 일종의 제도이자 자신을 보호하는 수단으로서 역할을 하지 않고 그 자체가 목적 혹은 물신이 되어버리면, 나쁜 상호성의 관계로 나아가게 된다.

이런 이유로 원시사회에서는 '증여'와 '답례'가 '상호성'을 형성하지 않도록 결코 동시에 이루어지지 않고 지연된다. 지라르는 다음과 같이 말한다.

> 이런 지체는 (…) 인류학에서는 의미를 인정받고 있습니다. 지체는 복수에 대한 제동장치이자 결정적인 '마찰력'으로 관계의 속도를 늦추어서 상호성으로 비화되는 것을 막아 줍니다. 교환은 말하자면 날것 그대로의 모습인 상호성으로 나타나서는 안 됩니다. 상호성이 날것 그대로 나타나지 않을 때만 우리 삶도 살 만한 것이 됩니다. (…) 많은 인류학자마저 사회 규범은 오로지 상호성이 나타나는 것을 피하기 위한 것이란 것을 알아보는 데 힘들어 하고 있습니다.[36]

---

35 『클라우제비츠 전쟁론 완성하기』, 190쪽
36 『클라우제비츠 전쟁론 완성하기』, 191~192쪽

반면 클라우제비츠는 교환이나 교역이 감추면서 동시에 드러내는 상호성의 폭력 혹은 절대 전쟁의 원리가 언제든지 전면에 드러날 수 있다고 말한다.

나폴레옹에 대한 모방

클라우제비츠에 대한 지라르의 독해는 그가 뛰어난 문학평론가라는 사실을 상기시킨다. 지라르는 클라우제비츠가 뛰어난, 그것도 자신의 작품이 걸작이라는 사실을 알고 있는 '작가'였다고 말한다. 이런 의미에서 지라르는 다음과 같이 말한다.

> 진정한 문학 비평은 문학의 한계를 넘어서야 합니다. 전쟁 문제를 해결하는 것은 반군국주의가 아니라 『전쟁론』을 정확하게 읽는 것입니다.[37]

천재 작가인 클라우제비츠는 나폴레옹에게 사무치는 원한의 감정을 품었다. 클라우제비츠가 뛰어난 것은 이러한 원한의 대상임에도 나폴레옹의 '천재성'을 인정하고 그를 모방해야 할 모델로 삼았다는 점이다. 클라우제비츠는 나폴레옹을 나폴레옹 자신보다 더

---

37 『클라우제비츠 전쟁론 완성하기』, 339쪽

깊이 분석했다. 하지만 '적'인 나폴레옹에게 많은 것을 배웠다는 수치스러운 사실을 감추기 위해 프로이센의 프리드리히 2세 대왕을 찬미하는 척한다. 지라르는 다음과 같이 말한다.

모방적 욕망에 사로잡힌 사람들이 그러하듯이, 클라우제비츠는 때로는 나폴레옹이라는 모델에 사로잡히지만 또 때로는 정반대로 나폴레옹을 증오하게 됩니다. 프리드리히 2세 모델이 나폴레옹 모델을 몰아내려는 것 같은 일이 갑자기 일어납니다. (⋯) 클라우제비츠는 프리드리히 2세를 더 현명한 나폴레옹으로 만들려고 애씁니다. (⋯) 그러나 클라우제비츠의 글을 자세히 해부해 보면, 모방이론에 우호적이게도, 나폴레옹 모델에 더 집착하고 있다는 것을 우리는 곧 알 수 있습니다.[38]

이렇게 클라우제비츠는 점차 나폴레옹이 되어 갔다. 심지어는 나폴레옹보다 더 나폴레옹적으로 변해 갔다. 클라우제비츠는 나폴레옹이 충분히 나폴레옹적이지 못했기 때문에 패전했다고 말한다.

클라우제비츠는 회고적으로 나폴레옹을 대신해 나폴레옹에게 조언하고 있습니다. (⋯) 클라우제비츠는 나폴레옹이 충분히 나폴레옹답게 움직이지 않은 것이 바로 나폴레옹의 잘못이라고 말합니다.[39]

---

38 『클라우제비츠 전쟁론 완성하기』, 332~333쪽
39 『클라우제비츠 전쟁론 완성하기』, 331쪽

지라르에 의하면, 클라우제비츠가 '군사적 천재'를 언급한 부분은 사실상 나폴레옹에 대한 철저한 분석이라고 한다. 특히 '결정적 타격'의 중요성을 강조한 것은 나폴레옹의 영향을 강하게 받은 것이다. 클라우제비츠는 "군대의 에너지를 하나의 목표로 집중"시켜 결정적인 타격을 입히는 사람을 군사적 천재라고 말하는데, 나폴레옹이 바로 적의 이러한 약점을 집중 타격하는 전술을 구사하는 사람이었기 때문이다.

그 후 나폴레옹이 몰락하여 일종의 '유럽 평화를 위한 희생양'이 되었을 때, 클라우제비츠는 나폴레옹이라는 희생양을 암묵적으로 성스러운 존재로서 숭배하게 된다.

이 이론가가 '군사 천재'를 바라보는 시선의 양면성은 성스러움의 논리를 적용할 때에만 제대로 이해할 수 있습니다. 클라우제비츠는 자신의 먹잇감에 집착하고 또 존경합니다. 그에게 매료된 것입니다. 유럽의 희생양으로 전락한 황제를 바라보는 클라우제비츠의 눈길은, 유배된 나폴레옹을 '까닭도 모르지만' 문자 그대로 신격화해서 바라보던 모든 사람들의 눈길입니다. 어떤 면에서 희생양은 언제나 성공과 동시에 실패를 하는 사람입니다. 이들은 상반된 징표를 같이 갖고 있습니다. 희생양의 성스러운 특성은 바로 이런 진동에서 나옵니다.[40]

---

40 『클라우제비츠 전쟁론 완성하기』, 339쪽

지라르는 클라우제비츠가 여러 '서민적 감정들'에 중요한 가치를 부여했다고 말하는데, 여기에는 '원한'도 포함된다. 그리고 나폴레옹에 대한 뼈에 사무치는 원한 때문에 클라우제비츠는 그에 대해 최대한 객관적으로 분석할 수밖에 없었다. 그리고 이러한 원한 덕분에 "자신의 체계를 세울 수 있었으며 다른 군사 이론가들은 보지 못하는 것도 드러낼 수 있었"[41]다. 그는 나폴레옹 이후, 전쟁은 귀족들만 치르는 '의례'가 아니며 〈국민개병제〉가 보편적으로 도입될 것이라고 보았다. 이런 의미에서 "하나의 제도"[42]로서의 전쟁은 붕괴되었다고 말할 수 있다. 새로운 전쟁에서는 귀족이 아니라 국민의 '감정'이 매우 중요한 역할을 하며, 탁월한 군사 지도자는 국민 전체의 〈원한 감정〉이 하나의 지점을 향하여 무제한적으로 분출되도록 한다.

즉 클라우제비츠가 나폴레옹에 대한 사무치는 원한을 통해 깨달은 것은 제도화되고 규칙화된 귀족적 전쟁의 개념이 이제 서민들의 원한의 무제약적인 분출로 바뀌게 된다는 것이었다. 즉 "오늘날은 더 이상 귀족도 없으며 전쟁도 더는 예술이나 게임이 아니라 하나의 종교가 되고 있다"[43]고 말할 수 있다.

---

41 『클라우제비츠 전쟁론 완성하기』, 349쪽

42 『클라우제비츠 전쟁론 완성하기』, 349쪽

43 『클라우제비츠 전쟁론 완성하기』, 349쪽

결론

~~~~~~~

지라르는 이제 폭력으로부터 좋은 것이 나올 수 있다거나 폭력으로 폭력을 씻을 수 있다는 환상을 버려야 한다고 말한다. 폭력의 상호적 모방에 의해 폭력이 극단으로 치닫게 되면, 묵시록적인 '최후의 결전'으로 나아가게 된다. 그럼에도 불구하고 지라르는 우리가 합리주의를 믿을 것이 아니라 "모방 안에서 생각해야 한다"[44]고 말한다. 그는 그리스도라는 '물러섬'의 존재를 모방할 것을 주장한다. 인류가 '최후의 결전'으로 나아가지 않기 위해서는 진정한 의미의 기독교로 돌아가야 한다는 것이다. 지라르는 기독교가 희생제의의 폭력성을 고발하고 있으며, 이렇게 "폭력의 진상이 밝혀지면서 그 무용성이 드러나게" 됨에 따라 희생제의가 더 이상 불가능하게 되었다고 말한다.

> 폭력의 진실은 모든 사람에게 알려졌습니다. 예수 그리스도는 선지자들이 예고했던 진실, 즉 모든 문화가 폭력적으로 설립되었다는 사실을 폭로했습니다. 이 중요한 진실을 듣기를 거부하면 우리는 니체가 원했던, (…) 고대 사회로 되돌아가게 될 것입니다.[45]

---

44 『클라우제비츠 전쟁론 완성하기』, 226쪽

45 『클라우제비츠 전쟁론 완성하기』, 266쪽

말하자면 '기독교로 돌아가자'는 것이 지라르의 해법인 것이다. 그런데 이러한 '종교적 해법' 외에는 내어놓을 수 있는 해답이 없다는 것이 서구 사회의 문제이다. 모든 문화의 초석에는 희생양에 대한 폭력이 존재한다는 지라르의 통찰은 값진 것이다. 또한 희생양에 대한 폭력의 금지가 상호적인 폭력을 극단으로 치닫게 만든다는 사실 또한 우리가 가슴에 새겨야 할 진실이다. 그런데 이러한 폭력을 막기 위해 기독교의 독단으로 다시 돌아간다는 것은 있을 수 없는 일이다. 역설적으로 지라르의 통찰은 문화적 무의식의 해부를 통해 끊임없이 상호적 모방의 폭력성을 상기시킨다. 이것을 폭력을 제어하는 데 사용한다면 현대사회의 많은 병폐를 뛰어넘는 '약'이 될 수는 있을 것이다. 그러나 인간의 지성과 과학기술이 발달한 이상 기독교적 세계로 돌아갈 수는 없다.

또한 폭력을 원한이 맺힌 나쁜 것으로, 하나의 반작용에 불과한 것으로만 여기는 것은 단견이다. 폭력은 본질적으로 나쁜 것이 아니라, 사회적 배치 속에서 어떻게 작용하느냐에 따라 좋을 수도, 나쁠 수도 있다.

예를 들어 원시사회는 인간의 신체에 기호를 새겨 넣는 폭력을 가하는데, 이러한 폭력에 의해 새겨지는 기억은 '약속할 수 있는 인간' 혹은 주권적 개체를 만들어낸다. 그리고 이러한 원시사회의 폭력은 원한이나 죄의식을 증폭시키는 것이 아니라, 해소할 수 있는 방향으로 작동한다. 채권자는 채무자의 신체에 고문이나 폭력을 가할 수 있는데, 이러한 폭력을 통해 채권자는 원한에서 벗어나고 채무자는 죄의식에서 벗어날 수 있었다. 또한 상호적인 폭력은 니체가 말하는 '귀족'들에게는 타자를 파괴하는 것이 아니라 서로의 발전을 돕는 일이 될 수 있었다.

지라르의 문제점은 파괴적인 폭력에 지나치게 몰입하여 창조적이고 생산적인 폭력이 있을 수 있다는 사실을 망각했다는 점이다.

참고문헌

* 르네 지라르, 『폭력과 성스러움』, 김진식 · 박무호 옮김, 서울: 민음사, 2020

* 르네 지라르 · 브누아 샹트르, 『클라우제비츠 전쟁론 완성하기』, 김진식 옮김, 파주: 한길사, 2024

칼 슈미트는...

독일의 법학자이자 정치학자. 독일의 독실한 가톨릭 집안에서 성장한 철저한 가톨릭주의자로, 법학과 신앙을 결합시켜 헌법학적 결론을 도출하였으며, 결단주의적 법질서인 국가의 모범을 가톨릭교회에서 찾았다.

III

칼 슈미트

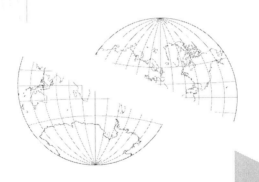

III
칼 슈미트

공간의 질서

~~~~~~~~~~

칼 슈미트^{Carl Schmitt}에 의하면 공간의 질서야말로 사회의 기초이다. 이런 의미에서 슈미트는 〈사회〉의 창설적 행위를 육지의 취득과 그에 따른 대지의 분할이라고 본다. 토지의 분할에 의해 소유 제도가 생겨나고, 이러한 육지의 취득으로 '사회'는 다른 '사회'와 대립하는 존재가 된다. 이런 의미에서 "육지의 취득은 (…) 모든 법의 기초가 되는 최초의 권원^{權原}이다."[1] 이와 같은 토지의 취득과 분할, 분배로

---

1   칼 슈미트, 『대지의 노모스』, 최재훈 옮김, 서울: 민음사, 1995, 19쪽

서의 공간의 질서를 슈미트는 '노모스Nomos'라고 부른다. 슈미트는 다음과 같이 쓴다.

> 그 이후에 나오는 모든 규준의 기초가 되는 최초의 측량, 최초의 공간 분할
> 과 분배로서의 최초의 육지 취득, 원초적 분할과 원초적 분배에 해당하는 그
> 리스어가 노모스이다.[2]

후에 보겠지만 들뢰즈와 가타리는 '노모스'라는 말을 슈미트와 는 정반대로 분할되지 않은 열린 공간 속에서 사람들과 동물 떼의 분산을 지칭하는 용어로 사용한다. 따라서 VI장과 비교해서 보려면 이 두 '노모스'의 차이를 음미해야 한다. 들뢰즈와 가타리는 슈미트 가 말하는 '노모스'를 '로고스logos'로 보고 있다. 그러나 슈미트와 들 뢰즈/가타리 모두 '노모스'와 공간 사이의 본질적인 관계를 밝힌 것 이 공통점이라고 할 수 있다.

어찌 되었든 슈미트가 말하는 '노모스'는 그리스 고전 속에서 "한 민족의 정치적·사회적 질서가 공간적으로 가시화되는 그러한 직접적인 형상"[3]을 의미한다. 뿐만 아니라 슈미트는 모든 역사적 시대를 관통하여 노모스는 "공간을 분할하는 기본 과정"[4]을 의미한

---

2   『대지의 노모스』, 47쪽

3   『대지의 노모스』, 52쪽

4   『대지의 노모스』, 65쪽

다고 주장한다.

　슈미트는 육지의 취득이 ① 국제법적 질서의 내부에 있으며 이런 의미에서 자동적으로 다른 민족의 승인을 얻는 취득과 ② 기존의 국제법적 공간 질서를 파괴하여 새로운 노모스를 부여하는 취득이 있을 수 있다고 말한다. 이런 의미에서 '법-보존적 전쟁'과 '법-수립적 전쟁'이 있다고 할 수 있는데, 슈미트의 이러한 논의는 벤야민Walter Benjamin의 논의를 상기시킨다.[5] 실제로 슈미트는 제헌적 권력pouvoir constituant과 제정된 권력pouvoir constitué을 구별하고 있으며 제헌적 권력을 질서를 수립하는 것으로, 제정된 권력을 질서 지어진 것으로 파악하고 있다.[6] 이러한 논의를 공간의 취득 문제와 연결시켜서 슈미트는 다음과 같이 쓴다.

　세계사상의 많은 정복, 항복, 점령, 병합, 양도와 승계는 기존의 국제법적 공간 질서와 접합되거나, 아니면 그들의 공간을 분열시키고, 그것들이 일시적인 폭력 행위에 지나지 않는 경우가 아닐 때에는, 하나의 새로운 국제법적 공간 질서를 창설하는 경향을 가지고 있다.[7]

5　『대지의 노모스』, 68쪽

6　벤야민은 「폭력비판을 위하여」에서 〈법 정립적 폭력〉과 〈법 보존적 폭력〉을 대립하면서도 뒤얽혀 있는 '짝패'로 보고 있으며, 이 두 폭력을 〈신화적 폭력〉이라는 카테고리로 묶고, 〈신화적 폭력〉을 〈신적 폭력〉에 대비시키고 있다(발터 벤야민, 「폭력비판을 위하여」, 『발터 벤야민 선집 5』, 최성만 옮김, 서울: 도서출판 길, 79~117쪽 참조).

7　『대지의 노모스』, 68쪽

슈미트는 이러한 '국제법적 공간 질서'로서 '노모스'의 사례로, 20여 개 유럽 국가들에게 동등한 주권을 보장하고, 적을 국제법적으로 명확히 규정하여 전쟁을 제한하고 통제했던 유럽 국제법 황금 시기의 공간 질서를 든다. 슈미트는 이러한 '대지의 노모스'가 명확하게 대지를 분할할 뿐만 아니라, 분할되지 않은 공간으로서 '바다'와의 대비 속에서 땅의 질서를 수립시켰다고 말한다.

그리하여 육지는 20여 개의 주권 국가에 귀속하게 되었어. 반면, 바다는 누구에게도 속하지 않거나 모두의 것으로 여겨졌는데, 실제로는 결국 단 한 국가에 속했지. 바로 영국이야. 육지의 질서는 그 땅이 각 국가의 영토로 나누어져 있다는 사실에서 생겨나. 그에 반해 공해는 자유로워. 다시 말해 국가로부터 자유롭고, 어떤 국가의 영토 주권에도 종속되어 있지 않지. 이것이 공간과 결부된 근본 사실이고, 그로부터 지난 3백 년 동안의 기독교-유럽의 국제법이 발전되어 나왔어. 이것이 이 시대의 근본 법칙이고, 대지의 노모스였어.[8]

---

8   칼 슈미트, 『땅과 바다』, 김남시 옮김, 서울: 꾸리에, 2016, 106쪽

노모스, 공간혁명, 전쟁

~~~~~~

이러한 국제법에 의해 통제되는 '대지의 노모스'는 육지에서 전쟁의 주체를 동등한 주권을 가진 국가로 한정했다. 또한 슈미트에 의하면 이 국제법에 따라 육지에서 벌어지는 전쟁에 민간인은 관여하지도 관여되지도 않았다. 슈미트는 다음과 같이 쓰고 있다.

> 유럽 대륙의 국가들은 16세기 이래 육지전의 특정한 형태들을 생각해냈는데, 그 근저에는 전쟁이란 한 국가의 다른 국가에 대한 관계라는 생각이 깔려 있었어. 전쟁의 쌍방에게는 국가가 조직한 군사력이 있고, 군대는 열린 전장에서 서로 대치하며 격돌하지. 전장에 있는 군대만이 적대에 참여할 수 있어. 비-전투원인 민간인들은 싸움에 관여하지 않고 적대의 바깥에 남아 있는 거야.[9]

그런데 영국이 주도한 해전에서는 다른 나라의 무역과 경제를 악화시킴으로써 민간인들의 삶을 피폐하게 만드는 것이 중요했다. 특히 〈식량 봉쇄〉는 모든 민간인에게 영향을 미쳤다. 이런 의미에서 육지에서는 국제법이 클라우제비츠의 〈절대 전쟁〉을 불가능하게 했다면, 바다에서는 〈결전〉보다는 상대방을 봉쇄하고 전리품을

---

9   『땅과 바다』, 107쪽

획득하는 방향으로 나아감으로써 클라우제비츠의 〈절대 전쟁〉이 불가능해졌다고 할 수 있다. 특히 해전에서는 클라우제비츠가 중요하게 생각하지 않은 식량의 안정된 공급이 중요해졌다.

슈미트는 이와 같이 육지와 바다의 이원적인 공간적·정치적 질서를 가능케 한 영국에 대해 다음과 같은 찬사를 바친다.

이것은 단지 국제법 질서상의 두 측면이기만 한 것이 아니라 완전히 서로 다른 두 개의 세계란다. 영국의 대양 취득 이래로 영국인들과 영국 이념의 궤도에 서 있는 민족들은 여기에 익숙해졌어. 이들의 세계관에 따르면 땅을 취득함으로써 지구 전체를 포괄하는 세계 권력을 행사할 수 있게 될 것이라는 생각은 말도 안 되고, 견디기 힘든 것일 거야. 땅으로부터 분리된 해상적 실존 위에 세워져 세계를 지배하는 경우라면 그게 적용되지 않지. 유럽 북서쪽 변방에 자리 잡은 상대적으로 작은 섬이 견고한 땅에서 등을 돌려 대양을 선택함으로써 점차 세계 제국의 중심이 된 것이야.[10]

이와 같은 의미에서 영국은 공간의 질서를 바꾸는 공간혁명을 이룩했다고 할 수 있다. 이러한 공간혁명은 공간에 대한 관념의 변화와 맞물려 돌아간다. 대영제국은 바다를 땅의 관점에서 보는 것을 넘어 땅을 바다의 관점에서 봄으로써 성립했다. 이를 통해 "섬

---

10 『땅과 바다』, 108쪽

자체의 정치적, 역사적 본질"[11]이 근본적으로 변혁되었다.

바다의 관점에서 보면 대륙은 '배후의 땅'을 갖고 있는 '해변'의 연장에 불과하다. 즉 "대양적 실존에서 보면, 땅 전체는 (…) 대양의 분출물일 수도 있다"[12]는 것이다. 이러한 '바다의 관점'을 장착한 대영제국은 이제 '대륙'으로부터 해방되었다. 영국에서 대륙적이라는 말은 '시대에 뒤떨어진'이라는 의미가 되있고, 영국의 관점에서 유럽 대륙의 국가들은 쇠락을 향해 가는 중이었다.

이렇게 대륙으로부터 해방된 세계 제국은 자신의 '뿌리'를 뽑아 버렸다. 심지어 유력 정치가 디즈레일리Benjamin Disraeli는 영국 여왕에게 제국의 수도를 런던에서 인도의 델리로 옮겨야 한다고 건의하기까지 했다.

순수한 해상적 실존 위에 세워진 세계 제국의 수도는 뿌리를 제거하고, 땅을 떨쳐 버렸어. 모든 대륙에 걸쳐 있는, 서로 연결되지 않은 채 산개된 세계 제국의 이동 가능한 중심점에 다름 아니었기에, 그 섬은 마치 배나 물고기처럼 지구의 다른 부분을 향해 헤엄쳐 갈 수도 있어. 빅토리아 여왕 시절의 유력한 영국 정치가 벤저민 디즈레일리는 인도를 염두에 두면서, 영국 제국은 유럽 권력이 아니라 아시아 권력이라고 말했단다. (…) 디즈레일리는 일찍이 1947년 소설 『탱크레아우스Tancred』에서 영국 여왕이 인도로 이주해야 한다

---

11 『땅과 바다』, 113쪽

12 『땅과 바다』, 114쪽

고 주장했었단다.[13]

그런데 새로운 공간혁명이 일어났다. 그것은 비행기에 의해 땅과 바다에 이어 '하늘'이라는 새로운 거대 공간이 인간의 삶 속으로 들어온 것이다. 이러한 공간혁명은 또다시 전쟁혁명으로 이어진다.

"공군 무기"가 "공간 무기"라고 지칭되는 걸 알고 있지? 공군 무기로부터 생겨나는 공간혁명적 영향력이 그만큼 강하고, 직접적이며 명백하기 때문이야.[14]

이러한 공간혁명은 인간의 인식에도 영향을 미친다. 이제 세계는 공간 안에 있지 않고 공간이 세계 안에 있게 된다. 공간은 인간의 활동과 에너지가 펼쳐지는 일종의 장㘑이 되고, 따라서 인간들이 거주하는 세계 안에 있게 된다.

또한 오늘날의 기술혁명은 레이더 등에 의해 통제 불가능한 바다를 통제 가능하게 만들고 있다. 들뢰즈와 가타리의 용어로는 매끄러운 공간으로서의 바다를 홈이 패인 공간으로 만들고 있는 것이다. 이런 의미에서 오늘날 육지와 바다를 구별하는 중요성은 크게 감소했다. 심지어 슈미트는 "지금까지의 대양 지배와 세계 지배

---

13   『땅과 바다』, 115쪽
14   『땅과 바다』, 127쪽

의 연결의 근거가 되었던 바다와 땅의 구분도 무의미해지게 되"[15]
었다고 말한다. 이런 의미에서 땅과 바다의 구분에 근거하여 유럽
국제법으로 전쟁을 제한하던 '대지의 노모스'도 사라지게 되었다.
슈미트는 다음과 같이 장엄하게 말한다.

> 낡은 노모스는 떨어져 나가고 그와 더불어 모든 전승된 척도, 규범과 관계들
> 의 체계 전체도 사라질 거야. 하지만 그렇다고 해서 그 이후에 도래하는 것
> 이 무절제이거나 노모스에 적대적인 무無이기만 한 것은 아니야. 낡은 힘과
> 새로운 힘들이 가장 격렬한 씨름을 벌이는 곳으로부터 정당한 척도가 생겨
> 나고 의미심장한 새로운 비율이 형성되기 마련이니까.[16]

전쟁과 정치

~~~~~~~~

칼 슈미트는 도덕이 선과 악의 구별 위에, 경제가 이익과 손해의 구
별 위에, 미학이 미와 추의 구별 위에 기초해 있다면, 정치 영역의
고유한 구별은 적과 동지의 구별이며, 이 구별이 정치 영역을 다른
영역으로부터 독립시킨다고 주장한다.

---

15 『땅과 바다』, 129~130쪽
16 『땅과 바다』, 130~131쪽

즉, 적敵은 선善할 수도, 아름다울 수도, 나에게 경제적 이익이 되는 존재일 수도 있다. 이처럼 정치 영역의 독립을 인정하지 않고 적을 추하고 악한 것으로 규정짓는 것은 오히려 폭력을 통제할 수 없는 지경에 이르게 할 수 있다. 이렇게 "적을 도덕적 기타의 범주들에서도 (⋯) 결정적으로 말살시켜야 하는 비인간적 괴물"로 만들어버리면, 이러한 전쟁은 "필연적으로 더 치열하고 비인간적인 전쟁"이 되기 때문이다.[17]

정치는 이렇게 '적과 동지의 구별'로 귀착되며, 여기에는 특별한 조건이 필요하기보다 나와 이질적인 존재인 것으로 충분하다. 왜냐하면 '적과 동지의 구별'이란 인간들 사이의 결합과 분리의 강도를 나타내는 것에 불과하기 때문이다. 이러한 결합과 분열의 강도가 최대치에 이른 것이 바로 '전쟁'이다. 그리고 '적'은 결합된 '우리'와 대적하는 것으로 규정되기 때문에 항상 사적인 적이 아닌 공적公敵으로 나타난다. 슈미트는 다음과 같이 쓴다.

적이란 공적이며, 넓은 의미에서 사적私敵은 아니다. (⋯) 정치적인 의미에서의 적은 개인적으로 혐오할 필요는 없으며, '적', 즉 자기의 반대자를 사랑한다는 것도 사적 영역에서 비로소 의미를 가진다.[18]

---

17   칼 슈미트, 『정치적인 것의 개념』, 김효전 · 정태호 옮김, 파주: 살림출판사, 2012, 50쪽
18   『정치적인 것의 개념』, 43쪽

앞서 적대 관계, 즉 인간들 사이의 결합과 분열의 강도가 최대치로 치닫는 것이 '전쟁'이라고 말했다. 여기서 '전쟁'은 비유적 의미가 아니라 '물리적 살해의 현실적 가능성'을 의미한다. 전쟁은 언제나 '적대 관계'로서의 정치가 다다를 수 있는 "현실적 가능성으로서 항상 존재하는 전제"[19]이며, 이러한 '가능성으로서의 전쟁'에 의해 정치적인 것이 규정된다. 슈미트는 이런 의미에서 "인간의 삶은 이러한 궁극적인 가능성으로부터 특수한 정치적 긴장을 획득하는 것"[20]이라고 말하고 있다.

그러므로 정치는 전쟁에 의해 구조화되며, 전쟁은 그 자체로 하나의 극한적 적대 관계로서 정치라고 할 수 있고, 종교 전쟁이든 경제 전쟁이든 정치적인 것과 무관한 전쟁은 존재하지 않는다고 할 수 있다.

'순수하게' 종교적인, '순수하게' 도덕적인, '순수하게' 법률적인, '순수하게' 경제적인 동기에서 수행되는 전쟁이란 모순이다.[21]

예를 들어 마르크스주의의 '계급 투쟁'은 순수한 경제적 투쟁이

---

19 『정치적인 것의 개념』, 47쪽
20 『정치적인 것의 개념』, 48쪽
21 『정치적인 것의 개념』, 49쪽

아니며, 부르주아 계급이라는 '적'을 말살하려는 정치적인 것으로서의 '전쟁'이다.

슈미트는 이런 의미에서 '주권'의 핵심에 전쟁을 결정하고 실행할 수 있는 능력과 의지가 존재하며, 이러한 능력과 의지를 가진 정치적 통일체만이 '주권'을 가진다고 말한다. 예를 들어 국가의 지도부가 자신의 주체적인 결정으로 전쟁을 수행하지 못한다면, 아직 그 세력은 주권자가 아닌 것이다. 칼 슈미트는 다음과 같이 쓴다.

> 어쨌든 정치적 통일체란 현실의 적과 현실적으로 싸운다는 위급한 경우의 가능성을 상정하고 있기 때문에 필연적으로 적과 동지의 편 가르기에 대해서 결정적인 통일체이고, 이러한 의미에서 (…) 주권을 가진 통일체이며, 만약 그렇지 않다면 정치적 통일체는 결코 존재하지 않는다.[22]

칼 슈미트는 이런 의미에서 주권은 교전권을 의미한다고 말한다. 예를 들어 대한제국은 1905년의 을사조약으로 '외교권'을 빼앗겼는데, 이는 '적과 동지를 설정할 수 있는 권리'로서 교전권을 빼앗겼다는 의미이다. 따라서 을사조약 이후의 대한제국은 이미 주권적 통일체가 아니었던 것이다.

교전권은 또한 사람들에게 전쟁에 나서도록 명령할 수 있는 권

---

22 『정치적인 것의 개념』, 54쪽

력을 주권자에게 부여한다. 슈미트는 다음과 같이 쓰고 있다.

교전권은 이와 같은 권력을 포함하고 (…) 자국민에 대해서는 죽을 각오와 살인할 각오를 요구하며, 또한 적측에 서 있는 인간을 죽인다는 이중의 가능성을 의미한다.[23]

그리고 이 주권자는 국내에 평화적인 질서를 수립할 권리와 의무를 동시에 지닌다. 즉 자신을 제외한 국내의 모든 단체가 교전권을 갖지 못하게 만드는 것이 주권자의 권리이자 의무인 것이다. 그리고 주권자가 교전권이 없는 단체와 '전쟁'을 하는 것은 '법적으로' 불가능하다. 그런데 역설적으로 국가의 위기 상황에서 〈평화〉를 수립하려면 〈국가의 적〉을 설정해야 할 필요성이 생긴다. 이렇게 헌법의 '예외 상황'이 존재하는데, 주권자는 바로 이러한 예외 상황을 결정하는 자이며, 이러한 예외 상황 속에서 투쟁은 "무기의 폭력으로 결정"된다.[24] 이런 의미에서 그동안 역사에서 여성 등의 생사여탈권이 주권자가 아닌 가부장 등에게 부여되기도 했지만, 주권자의 생사여탈권이 가부장의 생사여탈권보다 우선하는 권리였고, 가부장의 생사여탈권을 무력화할 수 있었다고 볼 수 있다.

---

23 『정치적인 것의 개념』, 61쪽
24 『정치적인 것의 개념』, 62쪽

정치적 공동체는 인간의 육체적 생명에 대한 이와 같은 지배권에 의해서 그 밖의 모든 종류의 공동체나 이익사회보다 우위에 있는 것이다. 그 경우에 공동사회 내부에는 다시 제2차적인 정치적 성격을 가진 하위조직이 이 작은 집단의 소속원에게 국한된 생사여탈의 권리까지 포함하는 고유한 또는 위탁된 권한을 가지며 존속할 수 있다.[25]

전쟁의 의미

~~~~~~~~

슈미트는 전쟁이 오직 정치적 의미만을 가질 뿐, 어떠한 종교적, 도덕적, 경제적 의미도 가질 수 없다고 말한다.

우선 살아남은 자의 경제적 행복을 위해 목숨 걸고 전쟁에 나서라고 등 떠밀 수는 없는 노릇이기에, 전쟁은 경제적 의미를 가질 수 없다. 이와 같이 경제적으로 전쟁을 합리화하는 것은 개체를 국가에 앞세우는 자유주의적 경제원리에 모순된다고 슈미트는 말한다.

경제적 합목적성에 따라 이와 같은 요구를 정당화하는 것은 특히 자유주의적 경제제도의 개인주의 원리에 대한 모순일 것이며, 자율적인 경제의 규범들이나 이상들로부터도 결코 정당화될 수 없을 것이다.[26]

---

25 『정치적인 것의 개념』, 64쪽

26 『정치적인 것의 개념』, 65쪽

물론 이익사회에서 복종하지 않는 사람들을 굶어 죽게 만듦으로써 자신의 의지를 관철시킬 수는 있다. 그러나 이익사회에는 개인의 생명을 직접적으로 빼앗을 권리가 없다.

또한 종교에서 순교자가 되라고 요청하는 것은 대부분 교회 기구의 팽창을 위해서가 아니다. 만약 교회가 현세의 권력을 위해서 순교자가 되라고 말한다면, 그 교회는 이미 정치적 통일체 혹은 주권자가 되어 버린 것이다. 즉 종교에서 죽음의 강요는 오직 그 종교 단체가 정치적인 존재가 될 때에만 가능한 것이다: "성전聖戰이나 십자군은 다른 전쟁과 마찬가지로 적을 결정하는 것에 근거한 행동이다."[27] 따라서 '비정치적인' 종교에서 죽음을 권하고 또 이에 응하는 것은 "소속원 자신의 영혼의 구제"[28]를 위해서이다.

또한 어떠한 도덕적 목적에 의해서도 전쟁은 정당화될 수 없다. 즉 어떠한 규범이나 이상도 전쟁을 정당화하지는 못한다. 슈미트는 다음과 같이 쓴다.

전쟁, 싸우는 사람들의 죽음에 대한 각오, 적의 편에 선 타인의 육체적 살해, 그것은 모두 규범적 의미가 아니라 실존적 의미에 불과한 것이다. 더구나 현실의 적에 대한 현실적 투쟁상태의 실재라는 점에서 의미가 있으며, 어떤 이

---

27 『정치적인 것의 개념』, 64쪽
28 『정치적인 것의 개념』, 64쪽

상이나 강령, 규범성에서 의미가 있는 것은 아니다. 어떠한 합리적 목적, 얼마나 정당한 규범, 또 얼마나 이상적인 강령, 얼마나 아름다운 사회적 이상, 어떠한 정당성이나 합법성이라 할지라도 결코 그 때문에 인간이 인간을 서로 죽이는 것을 정당화할 수는 없다.[29]

죽고 죽이는 것을 정당화하는 규범이나 이상이 존재한다면, 거기에는 이미 정치적인 때가 묻어 있는 것이다. 전쟁에는 오직 정치적인 의미만 있을 뿐이다.

여기서 〈정치적 의미〉란 국민의 자유를 말한다. 오직 적과 동지를 규정하고 적과 싸우는 국민만이 진정한 의미의 주권적 자유가 있는 것이며, 그렇게 하지 못하는 국민의 국가는 다른 국가에 정치적으로 예속된 것이다. 슈미트는 다음과 같이 쓴다.

국민 자신이 적과 동지를 결정하지 않으면 안 된다. 여기에 국민의 정치적 실존의 본질이 있다. 이러한 구별 능력이나 의지가 결여될 때 국민은 정치적인 존재이기를 멈춘 것이다. 만약 적이 누구인지, 누구에 맞서 싸워야 할지에 대해 타인의 지시를 받게 된다면 이미 정치적으로 자유로운 국민은 아니며 다른 정치체제에 편입되거나 종속된 것이다.[30]

---

29 『정치적인 것의 개념』, 66쪽
30 『정치적인 것의 개념』, 67쪽

이런 의미에서 국민이 정치적인 자유를 추구하는 한 '적과 동지의 구별'은 존재할 수밖에 없으며, 어떤 국가의 국민이 스스로 무장을 해제하고 적과 동지의 구별을 '주관적으로' 해체한다면 객관적으로 다른 국가에 예속된 식민지인이 될 것이다. 슈미트는 다음과 같이 쓴다.

> 만약 한 국민이 정치적 생존의 노고와 위험을 두려워한다면, 그때는 바로 다른 국민이 대신에 그 노고를 없애 주고 '외적에 대한 보호'와 함께 정치적 지배를 떠맡게 될 것이다. 그때는 보호와 복종이라는 영원한 관계에 따라 보호자가 적을 규정하게 된다.[31]

말하자면 "보호하기 때문에 구속한다"는 것은 영원한 진리이며, 보호자는 언제나 지배자라는 것이다. 예를 들어 국가 내의 어떤 집단에 공식적인 국가기구들보다 국민을 더 잘 보호할 힘이 있다면 국가기구들은 이 집단의 부속물이 되어 버리고, 바로 이 집단이 국민을 지배하게 된다.

어찌 되었든 정치적 자유는 오직 전쟁을 수행할 능력과 의지에 달려 있으며, 이러한 능력이나 의지가 없는 국민은 다른 나라의 노예가 되는 것이다. 슈미트는 다음과 같이 쓰고 있다.

---

31 『정치적인 것의 개념』, 69쪽

무방비한 국민에게는 동지만이 있을 뿐이라고 믿는 것은 어리석은 일이며, 무저항이 적을 감동시킬 것이라고 생각하는 것은 흐리멍텅한 계산에 불과할 것이다. (…) 어떤 국민이 정치적인 것의 영역에서 자신을 유지할 힘이나 의사를 잃는다고 해서 이 세계에서 정치적인 것이 사라지지는 않는다. 다만 약한 국민이 사라질 뿐이다.[32]

국제법의 변화

~~~~~~~~~

슈미트는 이렇게 국민의 정치적 자유를 유지하며 국가들 간 힘의 균형으로 전쟁을 제어하던 시대를 그리워한다. 다시 유럽 국제법의 시대로 돌아가고 싶어 하는 것이다. 슈미트는 1963년 판 서문에 다음과 같이 쓴다.

> 이제 국가 중심의 시대는 끝나 간다. 더 이상 그에 대해서는 할 말이 없다. 400년에 걸친 사상의 연구로 유럽 중심의 국법학과 국제법학을 이룩했던, 국가와 관련된 개념의 상부구조 전체가 국가시대의 몰락과 함께 끝나 가는 것이다. (…) 국제법상의 전쟁에서 적은 대등한 주권국가로서 인정된다. 이러한 국제법에 있어서 국가로 승인한다는 것은, 이미 교전권의 승인과 정당한 적으로서 인정한다는 것을 포함한다.[33]

---

32 『정치적인 것의 개념』, 70쪽
33 『정치적인 것의 개념』, 16~18쪽

여기서 "정당한 적"으로 인정한다는 것은 적에게 명확한 지위를 부여한다는 의미이다. 또한 전쟁은 국제법에 의해 명확하게 제한된다. 이런 의미에서 국제법의 질서는 "적대 관계를 상대화"[34]한다고 할 수 있다. 슈미트는 이와 같은 적대 관계의 제한을 〈인간성의 진보〉라고 부른다. 국제법에 의해 통제되던 전쟁이 끝나 가고 있는 상황을 "국가 중심의 시대는 끝나 간다"라고 표현하고 있는 것이다.

이렇게 국제법에 의해 통제된 전쟁에서 각 국가는 대등한 존재이며 보편성을 참칭할 수 없다. 이런 의미에서 과거 부시 전 대통령의 '악의 축' 발언은 미국이 보편적 진리를 독점하고 있다는, 다른 국가들의 상위에 있는 존재라는 선언인 것이다. 이는 기존의 국제법이 작동하지 않는다는 의미이다.

제2차 세계대전 이후의 국제법은 추상적인 〈인류〉의 권리로서 인권을 보장하는 것을 최우선으로 여기지만, 슈미트는 이렇게 '인류'를 앞세우는 것의 위험성을 경고한다. 예를 들어 서구의 '인도주의적 군사 개입'은 결코 인도주의적이지 않았으며, 타인을 '인류의 적'으로 매도하는 것은 보편성을 참칭하는 것에 불과하다는 것이다. 또한 이러한 '인류의 적'을 법률의 보호 밖으로 내모는 것도 결코 인도주의적이지 않았다. 슈미트는 다음과 같이 쓴다.

34　『정치적인 것의 개념』, 18쪽

인류를 말하는 자는 기만하려는 것이다. '인류'라는 이름을 내세우고, 인간성을 찾고, 이 말을 독점하는 것, 이 모든 것들은 그러한 이름을 사용하면 일단 반드시 어떤 결과를 불러올 것이므로, 적으로부터 인간의 속성을 박탈하고 적은 법률의 보호 밖에 있으며, 인간성에서 벗어난다고 선언하고, 그럼으로써 전쟁을 극단적으로 비인도적인 것으로까지 몰고 가려는 무서운 요구를 표명하는 것에 불과하다.[35]

슈미트는 이렇게 인류의 이름으로 수행되는 전쟁은 진정한 인도주의일 수가 없다고 말한다. 왜냐하면 인류는 보편적인 개념이기에 전쟁 상대편까지도 포함하기 때문이다. 이런 의미에서 인류라는 개념은 "적이란 개념을 배척한다"[36]고 할 수 있고, '인류' 전체는 전쟁을 수행할 수 없게 된다. 그럼에도 불구하고 자신이 '인류'를 위해 전쟁을 수행한다고 주장하는 것은 제국주의의 또 다른 표현일 수 있다.

'인류'는 제국주의적 팽창에 대해, 특히 유용한 이데올로기적인 수단이며, 윤리적 · 인도적인 형식에서 경제적 제국주의를 위한 특별한 도구이다.[37]

---

35 『정치적인 것의 개념』, 73쪽
36 『정치적인 것의 개념』, 72쪽
37 『정치적인 것의 개념』, 72~73쪽

슈미트는 이렇게 국제법에 의해 통제되던 전쟁이 어떻게 그 제약을 벗어던지게 되는지를 전쟁 이론의 변동을 통해 읽어낸다. 클라우제비츠의 '절대 전쟁'은 그 자체로 이미 국제법에 의해 통제되는 전쟁이 불가능함을 나타내고 있다.

슈미트는 레닌이 바로 클라우제비츠의 진정한 후계자라고 말한다. 레닌은 클라우제비츠로부터 전쟁과 정치는 적과 동지의 구별에 기초한다는 것을 배웠으며, 규칙이 정해진 유치한 놀이로서의 전쟁이 아니라, 폭발하는 '절대적인 적대 관계'로서의 전쟁이 진정한 전쟁의 모습이라고 생각했다. 이렇게 자신의 이론 속에서 레닌은 클라우제비츠조차도 갇혀 있었던 국제법적인 틀을 벗어났다.

> 그 논리 속에는 틀을 깨뜨리는 결정적인 진보가 있었는데, 그 틀이란 18세기의 유럽 대륙 국제법에서 국가 간의 전쟁으로 성공적이었던 틀이며, (⋯) 그 틀을 제거한다는 것은 클라우제비츠조차도 생각하지 못한 것이다. 절대적인 적대 관계의 전쟁과 비교해 볼 때 승인된 규칙에 따라 진행되는, 고전적인 유럽 국제법상 틀에 박힌 전쟁은 결투 신청에 응할 수 있는 기사들 사이의 결투와 같은 것이다.[38]

마오는 이러한 레닌의 전쟁 이론을 더욱 발전시켰다. 칼 슈미트

---

38 칼 슈미트, 『파르티잔: 그 존재와 의미』, 김효전 옮김, 서울: 문학과 지성사, 1998, 88쪽

에 의하면 마오쩌둥은 현대 혁명전쟁의 최고 이론가이자 실천가였다. "마오쩌둥은 레닌보다 더 사물의 가장 내면적인 핵심에 접근"[39]한 사람이었다. 마오에 의해 전쟁과 평화, 민간인과 전투원의 이항대립이 완전히 붕괴되었다. 실제로 마오는 "주민의 사기士氣는 무장된 인민의 사기"라고 말하며 민간인을 중요시했다. 또한 평화로운 정치는 항상 전쟁의 가능성을 배태하고 있다고도 강조했다.

> 정치 또한 적대 관계의 요소를 포함하며, 적어도 적대 관계의 가능성을 포함하고 있다면 (…) 평화 역시도 잠재적인 적대 관계의 계기를 포함하고 있다.[40]

슈미트에 의하면, 마오는 또한 레닌보다 더 구체적으로 사유했다. 마오쩌둥은 '대지'와 근원적 관계가 있는 구체적인 토착성을 가진 농민을 혁명의 주체로 세웠다. 그런 의미에서 그의 사상은 "토착적 파르티잔Partisan주의"라고 말할 수 있다. 반면에 레닌은 추상적인 성격이 보다 더 강하다.

---

39 『파르티잔: 그 존재와 의미』, 96쪽
40 『파르티잔: 그 존재와 의미』, 100쪽

반-정치로서의 자유주의

~~~~~~

슈미트에 의하면 자유주의 사상에는 그 자체로 정치적인 것에 대한 '부정'이 담겨 있다. 자유주의란 기본적으로 경제적 자유주의로서 사유재산과 자유시장의 원리에 의해 사회가 변용되어야 한다고 주장한다. 이런 의미에서 국민이 정치직으로 자유로우냐 예속되어 있느냐는 이들의 관심사가 아니다. 경제적 자유가 정치적 자유보다 더 중요하기 때문이다. 슈미트는 이것이 자유주의의 경제적 극極이라고 말한다.

그리고 자유주의에서는 이른바 '정신' 혹은 '교양'이 중요해지면서 비폭력적인 의사소통으로서의 '윤리'도 중요해진다. 이것이 자유주의의 정신적 극極이다. 슈미트는 이러한 의미에서 자유주의는 정신적 극과 경제적 극 사이에서 움직인다고 말한다.

그리고 이러한 자유주의 사상에 의해 정치적인 투쟁은 경제적인 '경쟁'이 되거나, 그 윤리성이 강조되어 '토론'이 되어 버린다. 이런 의미에서

'전쟁'과 '평화'라는 상이한 상태의 명확한 구별 대신에 영원한 경쟁과 영원한 토론이라는 역동적 과정이 등장한다.[41]

---

41 『정치적인 것의 개념』, 96쪽

슈미트는 『정치 신학』의 마지막 장에서 부르주아를 '토의하는 계급'이라고 부른다. 그들이 "예수냐 바라바냐"[42]에 대해, 즉 타협할 필요가 없는 것에 대해 토론을 통한 타협이라는 이념을 내세우며 중요한 결정을 뒤로 미루려 한다는 것이다. 이처럼 자유주의는 적대 관계의 폭력적인 해결인 〈최후의 결전〉을 끊임없이 지연시킨다. 슈미트는 다음과 같이 쓴다.

> 자유주의는 모든 정치 문제를 일일이 토론하여 협상 자료로 삼는 것과 마찬가지로 형이상학적 진리까지도 토론으로 해소하려 한다. 그 본질은 다음과 같은 기대를 갖고 하는 협상이며 어정쩡함이다. 즉 결정적 대결, 피비린내 나는 결전을 의회의 토론으로 바꿀 수 있고 영원한 대화를 통해 영원히 유보 상태에 머물 수 있다는 기대 말이다. 자유주의는 이런 기대를 하면서 수다를 늘어놓는 셈이다.[43]

그런데 이렇게 적과 동지를 뚜렷이 구분하는 정치적인 투쟁이 사라진 곳에서도 권력과 지배가 존재한다: "지배와 권력은 정신적인 극에서는 선전과 대중의 암시가, 경제적 극에서는 '통제'가 된다."[44]

---

42 칼 슈미트, 『정치 신학』, 김항 옮김, 서울: 그린비, 2010, 85쪽
43 『정치 신학』, 86쪽
44 『정치적인 것의 개념』, 96쪽

19세기에 이르러 이와 같은 '정신적인 극'에 속하는 윤리, 정신, 교양 등과 경제, 의회주의가 결합하여 봉건주의에 내재된 폭력, 전쟁, 정치, 독재와 대비되는 논의들이 등장한다. 즉, 〈윤리-정신-교양-경제-의회주의〉라는 하나의 극과 〈봉건-폭력-전쟁-정치-독재〉라는 또 다른 극을 대립시키는 것이다. 그런데 그동안 봉건제와 절대군주제가 해체되어 그 "잔재들이 오래전에 청산"[45]되었다. 따라서 이러한 대립은 그 현실적 의미를 상실했다.

이런 의미에서 자유주의는 폭력이라는 수단을 함부로 사용하지 않는 듯한 인상을 준다. 하지만 슈미트는 자유주의가 온건한 것은 그 용어들일 뿐, "신용 정지, 원료 봉쇄, 타국 통화의 교란"[46] 등은 실제 전투보다 더 강한 고통을 상대 국민에게 안겨 줄 수 있다고 말한다. 뿐만 아니라 제국주의 국가는 '자유주의'의 '인권' 사상을 활용하여 상대국을 '인간의 적'으로 간주하고 전쟁을 개시할 수도 있다. 슈미트는 다음과 같이 쓴다.

대항자는 더 이상 적이라고 불리지 않으며, 그 대신 평화의 파괴자이자 교란자로서 법 밖에 방치되며, 비인간시된다.[47]

---

45 『정치적인 것의 개념』, 101쪽
46 『정치적인 것의 개념』, 104쪽
47 『정치적인 것의 개념』, 105쪽

여기에서 탈-정치로서의 자유주의는 사실 극도의 폭력을 감추기 위한 기만술에 불과하다. 뿐만 아니라 명확히 '적'을 규정하지 않고 추상적인 인류의 적이라고 함으로써 이러한 폭력을 어마어마한 규모에 이르게 할 수도 있다. 이렇게 구체적으로 적을 규정하지 않고 추상적인 규범으로 정당화하며, 이러한 정당화를 통해서 작동하는 전쟁은 상대방의 절멸을 시도할 수 있기 때문이다. 한국의 슈미트 연구자인 김항은 다음과 같이 쓴다.

> 정당한 전쟁을 중심으로 구성되는 물음은 질서의 한계를 모른다. 아니 그것은 더 이상 질서라고 불릴 수조차 없다. 왜냐하면 슈미트에게 질서는 기본적으로 '분할-판단'을 뜻했기 때문이다. 이런 탈-질서화 속에서 인간의 전쟁은 한계를 상실한다. 교전하고 있는 상대의 모든 것이 "섬멸"의 대상이 되는 것이다. 이때 법도 자연스럽게 사라지게 된다. 왜냐하면 자신의 바깥을 모르고, 자신에게 대항하는 모든 이들을 "범법자"로 간주하는 법은 더 이상 법이기를 그치고 단순한 생명과 직접 관계하는 순수한 힘이 될 것이기에 그렇다.[48]

이런 의미에서 자유주의는 사회적 갈등을 해결하지도, 전쟁을 막지도 못한다고 할 수 있다.

---

48 김항, 『말하는 입과 먹는 입』, 서울: 새물결출판사, 2009, 92쪽

결론

~~~~~~~~

슈미트의 사상은 전쟁과 깊은 관련이 있다. 슈미트는 예외 상태를 규정하여 법률의 효력을 정지시키는 자가 바로 주권자라고 말하는데, 이러한 '예외 상태'의 범례가 바로 전쟁이기 때문이다. 또한 슈미트에 의하면 '정치적인 것'은 '적과 동지를 구별하는 것', 즉 '연합과 분열의 강도'에 의해 규정되는데, 이러한 강도가 가장 강력한 것이 전쟁이기 때문이다. 따라서 정치 혹은 정치적인 것은 전쟁을 최후의 수단으로 전제한다.

또한 전쟁은 도덕적, 경제적, 종교적 의미를 가질 수 없으며, 오직 정치적 의미만 가질 수 있다. 여기서 '정치적 의미'란 다른 나라의 지배를 받지 않는 국민의 정치적 자유로움, 즉 주권을 말한다.

슈미트는 이러한 주권을 가진 유럽 국가들 사이에서 국제법에 따라 제한되고 통제된 전쟁을 하던 유럽 공법의 시대가 끝나 버렸다고 한탄한다. 이러한 유럽 국제법의 시대에는 특유의 대지를 분할하는 규칙으로서 '대지의 노모스'가 있었다. 슈미트는 '노모스'라는 말이 규범이라는 뜻으로 쓰였지만 원래 〈공간의 질서〉를 의미했다고, 그리고 모든 사회 질서는 이 〈공간의 질서〉에 기초한다고 말한다.

이러한 '대지의 노모스'는 단지 땅의 질서에 의해서만 구성된 것이 아니었다. 유럽의 국제 공법國際公法이 땅을 구획 짓는 분할의 질서를 의미한다면, 영국의 대양 지배는 대양을 분할하지 않고 열린 공간 속에서 함대를 분산하는, 들뢰즈의 말로는 "유목적 분배"의 질서를 의미했다(유목적 분배에 대해서는 Ⅵ장에서 다루기로 한다). 이와 같은 대지에서의 정착적 분배와 바다에서의 유목적 분배의 대립이 유럽에서의 세력 균형을 가능하게 했다. 특히 영국은 디즈레일리가 수도를 런던에서 인도의 델리로 옮기라고 권고할 정도로 대지에 내린 자신의 뿌리를 뽑아버린 유목적 제국이 되었다.

슈미트는 '하늘'이 싸움터가 됨으로써 '대지의 노모스'를 대신하는 새로운 노모스가 등장할 것이라고 말했다. 하지만 아직까지는 '대지의 노모스'를 넘어서는 새로운 노모스, 새로운 균형의 질서가 확립되지 않았다. 이런 의미에서 현 상황은 그람시Antonio Gramsci가 말한 의미에서 '위기 상황'이라고 할 수 있다.

참고문헌

〰〰〰

• 김항, 『말하는 입과 먹는 입』, 서울: 새물결출판사, 2009
• 발터 벤야민, 「폭력비판을 위하여」, 『발터 벤야민 선집 5』, 최성만 옮김, 서울: 도서출판 길
• 칼 슈미트, 『대지의 노모스』, 최재훈 옮김, 서울: 민음사, 1995
• 칼 슈미트, 『땅과 바다』, 김남시 옮김, 서울: 꾸리에, 2016

- 칼 슈미트, 『정치 신학』, 김항 옮김, 서울: 그린비, 2010
- 칼 슈미트, 『정치적인 것의 개념』, 김효전 · 정태호 옮김, 파주: 살림출판사, 2012
- 칼 슈미트, 『파르티잔: 그 존재와 의미』, 김효전 옮김, 서울: 문학과 지성사, 1998

폴 비릴리오는...

프랑스의 문화이론가, 도시연구자, 건축가이자 미학자이다. 건축과 미술, 도시와 군사 분야의 여러 관찰을 통해 기술 발전이 속도와 힘과의 연관 속에서 이루어졌다는 관점으로 널리 알려져 있으며, 속도에 대한 사유에서 출발하여 공간의 소멸을 비판적으로 고찰하는 "질주학"(dromology, 드로몰로지)을 제시하여 일상생활의 변화와 권력의 작동 방식을 파악하였다.

IV

폴 비릴리오

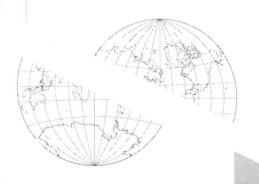

IV

폴 비릴리오

공간의 삭제

~~~~~~~~~

폴 비릴리오Paul Virilio의 『속도와 정치』는 매우 획기적인 책이다. 속도가 정치와 전쟁의 양상을 어떻게 바꾸었는지 이 책만큼 독창적이고 설득력 있는 방식으로 논술한 책은 존재하지 않는다. 비릴리오는 단순히 한 지점에서 다른 지점으로 나아가는 것을 속도로 보는 고전적 관점을 완전히 바꾼다. 비릴리오에 의하면 영국의 현존 함대fleeting in being의 속도는 공간에 예속된 전쟁의 개념 자체에 혁명을 일으켰다. 이 현존 함대는 속도를 통해 "언제 어디에서든 공격을 개시"할 수 있었고, 이러한 공격의 '가능성'을 통해 바다를 지배했다. 즉 이 함대는 속도를 통해 적에게 자신의 모습을 노출하지 않은 채 "전 세계 모든 곳을 안전하지 않게 만듦으로써 적의 권력 의지를 분쇄"[1]했다. 이를 통해 폭력의 개념 자체가 완전히 바뀌었다. 이제 폭력은 단 한 번의 회전이나 결투에서 나오는 것이 아니라, 적에게 반복적인 물질적, 정신적 고통을 가하고 절망감에서 헤어나오지 못하게 함으로써 힘을 떨어뜨리는 능력이 되었다. 비릴리오는 다음과 같이 쓰고 있다.

> 현존 함대란 무엇보다도 직접적인 대결이나 유혈 참사를 통해서가 아니라 함대의 불균등한 속성, 기왕에 선택한 요소들 내에서 활용 가능한 운동 방식의 수, 그 역학적 능률을 끊임없이 평가하고 검증해서 나오는 새로운 폭력의 관념이다.[2]

이런 의미에서 공간상의 특정한 지점에서 다른 지점으로 나아가는 것, 즉 "한 도시에서 다른 도시로, 한 해안에서 다른 해안으로"[3] 나아가는 것은 "더 이상 문제되지 않는다."[4] 이런 현존 함대의 이동

---

1 폴 비릴리오, 『속도와 정치』, 이재원 옮김, 서울: 그린비, 2016, 106쪽

2 『속도와 정치』, 106쪽

3 『속도와 정치』, 109쪽

4 『속도와 정치』, 109쪽

은 모든 목적론적인 이동의 개념을 파괴한다. 즉 현존 함대는 "시공 간상의 목적지가 없는 이동이라는 관념"[5]을 창출한다.

영국은 이러한 현존 함대를 보유하게 됨으로써 전쟁을 공간의 전쟁이 아닌 시간의 전쟁으로 바꾸어 놓았다. 비릴리오는 다음과 같이 쓰고 있다.

현존 함대가 이 세상에서 무사히 승리(과단성)를 얻으려면 해안선은 아닐지언 정 적어도 시간, 다른 말로 하자면 이 행성의 역학 내에는 자리 잡고 있어야 한다. 이 간단한 이유로, 영국인들은 오랫동안 세계 최고의 시계 제작자로 남게 될 것이다. 바다를 지배한다는 것은 시간을 지배한다는 것이므로.[6]

비릴리오는 이런 의미에서 근대적인 게릴라들은 현존 함대와 마찬가지로 공간 어느 곳에서도 출몰할 가능성으로 규정된다고 말한다. 이것은 많은 필자가 게릴라들의 '유격성'이라고 말하고 넘어가는 부분인데, 비릴리오는 여기서 전쟁의 양상이 완전하게 변화되었음을 읽어낸다. 비릴리오는 다음과 같이 쓴다.

인민 전쟁은 더 이상 주어진 영토 내에서 벌어지지 않는다. 오히려 인민 전

---

5   『속도와 정치』, 109쪽

6   『속도와 정치』, 115쪽

쟁은 사회 내부에 군대를 퍼뜨려 놓으려 한다.[7]

이러한 공간의 삭제는 바다에서의 싸움이나 비정규군의 싸움뿐만 아니라 정규군으로서 육군의 싸움에서도 나타난다. 비릴리오는 이미 제1차 세계대전이라는 전례 없는 속도전 속에서 공간이 삭제되었다고 말한다. 즉 그동안 사람들은 "절대적인 폭력을 군사 지역이라는 고립된 장소에 가둬 둘 수 있다고 믿어 왔"[8]지만, 이제 속도에 의해 특정한 공간 속에서 이루어지는 전쟁이라는 개념 자체가 사라졌다. 그리고 여기서도 전쟁은 공간의 전쟁에서 시간의 전쟁이 되었다.

그리고 마침내 탱크가 등장하는데, 이러한 탱크는 오랫동안 지형의 제약을 받아 온 전쟁의 양상을 바꾸어 놓았다. 즉

장갑차의 등장과 더불어, 육지는 더 이상 존재하지 않게 된다. 장갑차를 '모든 지형'을 다닐 수 있는 운송 장치라고 부르기보다는 차라리 '지형에 상관없는' 운송장치라고 부르는 것이 더 낫다.[9]

이제 장갑차는 지형에 상관없이 원하는 궤적을 마음대로 선택할

---

7   『속도와 정치』, 115쪽

8   『속도와 정치』, 129쪽

9   『속도와 정치』, 133쪽

수 있으며, 현존 함대와 같은 빠른 속도로 적 앞에 나타날 수 있다. 또 지형과 공간에 구애받지 않는 육군의 전쟁은 '속도전'의 양상을 더 노골적으로 드러내게 된다. 이런 의미에서 장갑차에 타는 사람이 살아남을 확률은 장갑차의 운송 속도의 함수가 된다. 비릴리오는 다음과 같이 쓴다.

> 공격 엔진의 속도 측정기는 그 엔진에 올라탄 사람에게는 말 그대로 '실존의 수량기', 그 생명의 잔여량을 측정하는 수단이다.[10]

그리고 "총력전이 최초로 수행된 곳은 바다"[11]이지만, 제1차 세계대전은 총력전을 육지까지 확장하고 보편화한 전쟁이다. '총력전'과 '절대적 전쟁'은 반대되는 개념이다. 앞에서 클라우제비츠는 전쟁 이론이 '전투력의 사용'과 관련이 있다면서 급양給養 등을 전쟁 이론에서 제외시켰다. '총력전'이란 일종의 '병참전'으로서 급양과 〈무기의 보급〉 등이 매우 중요해지는 전쟁이기 때문이다. 이러한 급양과 〈무기의 보급〉을 원활히 하기 위해서는 경제체계의 발달이 매우 중요하다. 이러한 총력전과 이를 뒷받침하는 경제체계의 관계는 제2차 세계대전에서도 그대로 유지되었다.

---

10 『속도와 정치』, 134쪽
11 『속도와 정치』, 124쪽

샤흐트Horace Greely Hjalmar Schacht 박사의 경제체계를 통해서야 비로소 히틀러가 전격전電擊戰을 수행할 수 있었듯이, 루즈벨트도 뉴딜을 통해서야 총력전을 개시할 수 있었던 것이다.[12]

이런 의미에서 '경제 전쟁'의 중요성이 커지게 된다. 예를 들어 미국의 달러 정치는 핵무기 등에 의해 외연적 성장이 가로막힌 미국 군사력의 '내포적 성장전략'이라고 할 수 있다.

그리고 총력전은 결국 적의 '영혼'에 대한 폭력이다. 비릴리오는 이런 의미에서 총력전을 통해 원시적 의미의 '마나mana'가 되살아난다고 말한다.

바다에서 태어난 총력전은 "적의 명예, 정체성 그리고 영혼 자체의 파괴"를 목표로 삼는다. [적국] 주민들의 주변 환경을 파괴해 그들을 천천히 죽임으로써, 현대의 생태학적 전쟁이라는 이 궁극의 [전쟁] 형태는 신기하게도 원시적이고 '인종적'인 의미에서의 '영혼'을 회복시켜 준다. 주변 환경과 구분할 수 없을뿐더러 개별적이기보다는 집단적이며, 갖가지 형태를 띤 유동적 형태인 동시에 (사회적, 동물적, 영토적) 신체의 여기저기에 응고된 채 존재하는 잠재적 실체, 즉 '마나'를 말이다.[13]

---

12 『속도와 정치』, 148쪽

13 『속도와 정치』, 161~162쪽

현실적 전쟁에서 절대적 전쟁으로

~~~~~~~~

비릴리오는 얼핏 보면 클라우제비츠를 비판하는 것 같지만, 그의 결론은 클라우제비츠의 '절대 전쟁'의 현전이다. 비릴리오는 그의 책을 다음과 같이 끝맺고 있다.

> 클라우제비츠가 두려워했던 완전한 폭발은 비상 상태와 더불어 발생하게 됐다. 그리고 속도의 폭력은 (…) 세계의 운명이자 세계의 목적이 되어 버렸다.[14]

또한 『속도와 정치』 Ⅱ부 4장의 제목은 〈현실적 전쟁〉이다. 어떻게 현대 전쟁이 속도에 의해 '현실적 전쟁'에서 '절대 전쟁'으로 나아가는지 살펴보기로 하자.

앞에서 말했지만 '총력전'의 시대는 〈현실적 전쟁〉의 시대로, 물자 보급으로서의 '병참'이 대단히 중요하다. 그런데 속도의 극한에 이르러 핵무기와 자동화된 군사 시스템이 발전된 상황에서는 더 이상 번거롭게 〈인간〉이나 많은 운송 수단을 이용할 필요 없이 버튼 하나만 누르면 모든 것이 해결된다. 그러므로 이제 진정한 의미의 '병참'은 사라지고 오직 기술개발에 의한 무기의 성능 향상만이 지상과제가 된다.

---

14 『속도와 정치』, 267쪽

반면에 '바다 어디서든 나타날 수 있는' 현존 함대의 능력은 더욱 강화되어 이제 "지구의 모든 표면에 직접적으로 접촉"[15]할 수 있게 된다. 이것은 맥루한Herbert Marshall Mcluhan의 말대로 지리적 공간이 '내파'implosion되어 "아무것도 아닌 것"[16]이 되어 버린다는 뜻이다. 그리고 이처럼 '내파'시키는 능력은 속도에서 기인하기에 속도가 무기의 가장 중요한 능력이 되어 버렸고, 역으로 "오늘날 무장해제는 무엇보다 제일 먼저 감속을 의미하게"[17] 되었다. 이런 의미에서 비릴리오는 오늘날 속도는 곧 전쟁이며, 이것은 모든 전쟁이 시간을 둘러싼 전쟁으로 바뀐다는 의미라고 말한다.

이러한 속도에 의한 '시간 전쟁'은 '정치적 이성'이 설 자리를 빼앗아 버린다. 왜냐하면 적의 공격에 어떻게 반응할지를 결정할 시간이 인간에게는 부족하기 때문이다. 따라서 자동화된 프로그램이 결정을 내리게 된다. 비릴리오는 다음과 같이 쓰고 있다.

신속함이 끊임없이 발전된 나머지 핵전쟁을 선포할 것인가 말 것인가를 결정할 수 있는 시간이 (⋯) 숙명의 1초로 줄어들 위험이 있었기 때문에, 그래서 완전 자동화된 방어 체계가 국가 수장의 성찰 능력과 결정 능력을 박탈해 버릴 위험이 있었기 때문이다. (⋯) 그렇다면 억지력을 행사하는 데 있어서

---

15 『속도와 정치』, 247쪽

16 『속도와 정치』, 248쪽

17 『속도와 정치』, 248쪽

'정치적' 이성에게는 도대체 무엇이 남게 될 것인가?[18]

　이런 의미에서 오늘날의 군비 경쟁은 '인민'과 '의사 결정권자'를 동시에 억압하게 되고, 최고의 의사 결정권자였던 공화국의 대통령은 이제 "최후의 군사 프롤레타리아트"[19]가 된다. 즉 대통령은 이제 궁극적인 전쟁 무기에 탑승한 채 결정이나 명령을 내리지 못하고 정지하게 된다. 이런 의미에서 핵무기의 진정한 폭력은 그것의 물리적 폭발이 아니라, 그것에 의한 정신적 '내파'에 있다고 할 수 있다. 뜨거운 '외파'가 아닌 차가운 '내파'의 폭력이 지구를 뒤덮는 것이다. 그리고 클라우제비츠의 절대적 전쟁이 현전하게 된다. 비릴리오의 영향을 많이 받은 보드리야르Jean Baudrillard는 다음과 같이 쓰고 있다.

　　우리 삶을 마비시키는 것은 원자 폭탄에 의한 파괴의 직접적인 위협이 아니라, 우리 삶을 백혈병 걸리게 하는 저지이다. (…) 저지란 극도의 정체 상태에 이르거나 함몰 중에 있는 시스템들의 내파적인 중화 폭력이다. (…) 이 장치의 그늘에서 짜여지는 것은, 전대미문의 극대 통제 시스템의 설치이다.[20]

───────

18　『속도와 정치』, 252쪽

19　『속도와 정치』, 239쪽

20　장 보드리야르, 『시뮬라시옹』, 하태환 옮김, 서울: 민음사, 2011, 80~81쪽

또한 보드리야르는 이러한 내파의 폭력에 대해 모든 것을 "얼려 버리는 위협"이라고 하면서 이 내파의 폭력으로 모든 것이 수축된다고 말한다. 말하자면 이전의 생산적이고 팽창적인 '외파'의 사회가 자동화된 무기의 "프로그램화와 기술 조작"에 의해 차갑고 수축적인 '내파'의 사회로 대체된다는 말이다.

비릴리오도 이러한 '수축'에 대하여 이야기한다. 그는 "고성능 탄도의 내파적 운동은 전략 부대의 활동 영역을 축소한다"[21]라고 말한다. 이제 미국은 전략무기를 굳이 '적'의 영토 가까이에 배치시킬 이유가 없으며, 자국 무기고에 보관하게 된다. 즉 더 이상 군대의 제국주의적, 확장적 전개보다는 자국 영토로의 수축적 퇴각이 이루어진다. 비릴리오는 이런 의미에서 이제는 "퇴각의 전쟁"[22]이 벌어진다고 말한다.

(…) 자신이 지닌 파괴 수단을 적의 영토에 좀 더 가까이 가져가려던 경향이 역전됐다. 오늘날에는 지리적 제약에서 벗어나는 것, 벡터의 진보를 가져올 뿐만 아니라 그 범위를 확장시킬 퇴각의 운동이 진행되는 경향이 있다.[23]

---

21 『속도와 정치』, 259쪽
22 『속도와 정치』, 265쪽
23 『속도와 정치』, 258쪽

새로운 병참술: 지각의 병참술

～～～～

비릴리오는 이제 전쟁의 관건은 비물질적인 〈지각의 장〉을 변환하는 데에 있다고 말한다. 또 이러한 〈지각의 장〉을 구성하고 변환하는 것은 영화적 기술이기에 영화의 발달과 전쟁 기술의 발달이 서로 맞물려 있다고 말한다. 이런 의미에서 전쟁에서 중요한 것은 이미지 등의 비물질적인 것이다. 오르테가 이 가세트^Jose Ortega Y Gasset 는 "무기의 힘은 야만적 힘이 아니라, 영적인 힘이다"[24]라고 말한다. 이런 의미에서 이제 첨단 무기는 단순히 파괴의 도구가 아니라 지각의 도구이기도 하다. 이제 군사적 능력/권력은 상대편을 향해 돌진하는 발포^coup de feu가 아니라 시각적 조망의 능력/권력 안에 존재한다. 그리고 이러한 시각적 조망의 힘은 인간의 능력을 넘어선 시각-기계의 능력에 의존한다. 비릴리오는 다음과 같이 쓰고 있다.

외과 수술처럼 정밀하고도 정확한 이 편재성이 인간 관찰자나 군사 분석가들의 것이 아니라, 정보 위성에 실린 '시각 기계'의 것이라는 사실을 알아야 한다. 이 시각 기계는 적의 영토에 대한 빈틈없는 지각의 자동화로서, '미사일의 전문가-시스템'이 그 전자 회로의 속도로 결정을 내리도록 해 준다.[25]

---

24 폴 비릴리오, 『전쟁과 영화』, 권혜원 옮김, 서울: 한나래, 2004, 29쪽에서 재인용.
25 『전쟁과 영화』, 21쪽

이러한 시각을 자동화하는 테크놀로지는 바로 군대에서 정찰의 테크놀로지로 나아가는데, 이런 의미에서 "'전쟁 기계' 곁에는 언제나 (…) '정찰 기계'가 있었다"[26]고 할 수 있다. 그리고 이제 전쟁에는 이처럼 비물질적인 지각을 하는 '정찰 기계'가 물질적인 공격을 가하는 무기보다 훨씬 중요해진다. 즉 이제 군사적 힘은 "폭약과 폭탄"보다 "포착기, 센서, 전자 원격 탐지기의 순간적 힘"에 기초하게 된다.[27] 그리고 군대에서 '눈'의 역할을 하는 이 기계들은 '영혼'의 기능으로서 인식능력과 직접적으로 연결된다. 즉 적의 이미지를 최대한 빨리 구성할 수 있어야 한다. 이제 '보급'되어야 할 것은 군수물자가 아니라 이미지와 음향들이기에 "지각의 병참술"[28]이 중요한 것이 된다.

전쟁과 영화의 이러한 유사성은 단순한 은유를 넘어선다. 전쟁에서 발달된 기술은 이제 영화에 접목된다. 전쟁 무기가 가져온 지각-장field of perception의 폭발이 영화-장을 완전히 변화시킨 것이다. 비릴리오는 다음과 같이 쓰고 있다.

공간적 연속체에 대한 항공 무기의 난폭한 영화적 침입과 전쟁 기술의 급격

---

26 『전쟁과 영화』, 22쪽

27 『전쟁과 영화』, 21쪽

28 『전쟁과 영화』, 25쪽

한 발전이 1914년 이후 낡은 동질적 시각을 문자 그대로 폭파시키고 지각장의 이질성을 촉진시키게 된 것은 지극히 당연한 것이다. 따라서 폭발이라는 은유는 정치에서만큼이나 예술에서도 통용되었다. 제1차 세계대전에서 살아남은 영화인들은 전장에서 뉴스나 선전 영화를 제작했으며, 그리고 나서 '예술 영화'로 연속적으로 진화하게 된다.[29]

말하자면 전쟁이 영화 기술의 비약적 발전을 이룬 것이다. 이러한 영화 기술은 "전대미문의 스펙터클"을 만들어냈다.

또한 전쟁이 그러하듯이 영화 기술도 대상을 고립시키고 이렇게 고립된 파편들로부터 의미를 추출해낸다. 이런 의미에서 벤야민 Walter Benjamin은 "카메라맨의 이미지는 각각이 그 고유한 법칙을 따르는 무수한 부분들로 단편화된다"[30]라고 쓴 것이다. 예를 들어 마릴린 먼로의 육체는 자연적인 맥락으로부터 '추출'되어 결코 자연적이지 않은, 하이퍼-리얼한 육체가 된다. 그리고 이러한 카메라맨의 기술은 사실상 현대의 과학적 발명품의 사용에서 잘 드러난다. 즉 내시경과 스캐너의 사용으로 "은폐된 기관들이 도구적 콜라주의 형상으로 분명하게 나타날 수 있게 되었다."[31]

이처럼 비가시적인 것을 가시화할 수 있는 능력은 곧 군사적 능

29 『전쟁과 영화』, 73쪽

30 『전쟁과 영화』, 90쪽에서 재인용

31 『전쟁과 영화』, 90쪽

력과 직결된다. 즉

영화를 과학적 발견의 결과물로 만드는 이와 같은 시각의 편의는, 적군의 풍
경을 감시하고, 일반적으로 위장되어 있는 진지들(참호, 야영지, 벙커)의 폐해를
분석하며 (…) 전쟁의 메커니즘과 다시 결합된다.[32]

'이제 더 이상 직접적인 시각은 없으며,' 불과 150년 만에 사격장은 촬영장
으로 변환되었고, 전장은 오랫동안 민간인들의 출입이 금지되는 영화 세트
가 되었다.[33]

비릴리오는 이런 의미에서 전쟁은 "마술적 스펙터클"과 분리될
수 없다고 말한다. 마술적 스펙터클이란 우리의 경험을 격자화하
는 유클리드적 원근법에서 벗어나 새로운 위상학적 시각을 제공한
다는 의미이다. 많은 사람의 생각과는 달리 공군이 편성되기 이전
에 정찰부대가 존재했으며, 이 정찰부대에 공격 기능을 탑재함으
로 공군이 탄생하게 되었다. 이렇게 전투와 정찰을 모두 수행하는
조종사들은 묘기에 가까운 비행을 하며 유클리드적 상상력을 넘어
섰다. 비릴리오는 다음과 같이 쓰고 있다.

---

32 『전쟁과 영화』, 90쪽
33 『전쟁과 영화』, 47쪽

전투 조종사들에게는 이미 공중회전, 낙엽, 커다란 8자 모양으로 불리는 '특수효과'가 존재한다. 이리하여 항공화된 시각은 지상의 참호 속 전투원들에게 강하게 영향을 미치는 유클리드적 중화에서 벗어나며, 비행은 내시경의 터널을 뚫는다. 그것은 가능한 한도 내에서 가장 놀라운 위상학적 시각으로 진입한다.[34]

이러한 비행기의 움직임은 바로 영화적 '특수효과'와 연결되었다. 이와 같이 전쟁이 일종의 영화적 특수효과가 된 것은 코폴라 감독의 「아포칼립스 나우Apocalypse Now」에서 잘 드러난다. 이 영화는 헬리콥터의 폭격 장면을 "서부 영화와 같은 리듬 위에서 전개시킨다."[35]

또한 제1차 세계대전 이후의 유명한 감독 중에는 선전·선동 영화를 만든 사람들이 많았다. 이들은 전쟁 기간에 익힌 기술들, 즉 유클리드 공간을 넘어선 새로운 위상학적 공간을 만들어내는 기술로 이른바 '예술 영화'를 만들어내기도 했다. 이런 의미에서 전쟁이 영화의 발전에 영향을 미쳤다고 할 수 있다. 즉 전쟁이 지각장의 위상학적 구조 자체를 바꾸고, 이러한 이질적인 지각장이 영화의 발전에 영향을 미쳤다는 것이다. 비릴리오는 다음과 같이 쓰고 있다.

---

34 『전쟁과 영화』, 68쪽

35 『전쟁과 영화』, 71쪽

공간적 연속체에 대한 항공 무기의 난폭한 영화적 침입과 전쟁 기술의 급격한 발전이 1914년 이후 낡은 동질적 시각을 문자 그대로 폭파시키고 지각장의 이질성을 촉진시키게 된 것은 지극히 당연한 것이다.[36]

이를 통해 전대미문의 '마술적 스펙터클'을 자랑하는 '예술 영화'들이 탄생하게 되었다. 물론 전쟁에서의 이미지 생산에 있어서 정교하고 체계적인 노동 분업은 훗날 이러한 이미지들을 "할리우드 시스템의 이미지들과 뒤섞이게"[37] 만들었다.

아니타 루스Anita Loos는 더 나아가 할리우드의 기원이 제1차 세계대전이었다고 말한다. 즉 고대의 도시 국가가 연극-도시였다면 할리우드는 "군사 산업 시대의 영화-도시"라는 것이다.[38] 물론 영화의 초창기에는 아직 연극이 도시를 주도했고, 영화는 아직 도시의 변두리에 존재했으며 이주 노동자를 관객으로 삼았다. 이주 노동자들에게 영화는 일종의 '시민권'이 되었다. 영화를 통해서 "새로운 토착성"이 형성된 것이다. 비릴리오는 다음과 같이 쓴다.

> 영화의 핵심적인 능력은 시각의 카오스에 질서를 부여함으로써 사회적 형식을 만드는 것이다.[39]

---

36 『전쟁과 영화』, 73쪽
37 『전쟁과 영화』, 77쪽
38 『전쟁과 영화』, 130쪽
39 『전쟁과 영화』, 132쪽

이처럼 무질서에서 질서를 만드는 영화의 힘은 전쟁과 이를 수행하는 정부에 대한 "투쟁적인 만장일치성을 만들어"[40]냈다. 그리고 이러한 만장일치를 획득하는 테크놀로지는 나치에 의해 정교화되었다.

이런 의미에서 전쟁은 영화 기술의 발전에 영향을 미쳤고, 영화 기술은 전쟁에 대한 국민적 동의를 만들어냈다고 할 수 있다. 즉 전쟁과 영화가 하나가 되었다는 것이다. 따라서 이제는 시청각적 이미지를 보급하는 '지각의 병참술'이 물질을 제공하는 병참술보다 중요하다.

결론

~~~~~~~~

이처럼 우리는 전쟁에 있어서 비물질적인 것이 우위라는 클라우제비츠의 주장이 역설적으로 실현된 것을 본다. 물론 클라우제비츠에게는 주체의 용기나 '의지' 등이 중요하게 여겨지지만, 비릴리오에게 중요한 것은 '지각의 장'의 변환, 즉 주체도 그 일부를 이루는 '장場'의 변환이다.

그리고 클라우제비츠가 폭력의 폭발, 즉 외파를 두려워한 반면

---

40 『전쟁과 영화』, 134쪽

비릴리오는 오늘날에 더 심각한 것은 '내파'의 폭력, 즉 모든 것을 얼려 버리는, 정신 파괴의 폭력이라고 말한다. 이러한 내파의 폭력은 궁극적인 속도에 이르게 된 기술발전의 산물이다. 이러한 내파의 폭력이 지구를 덮는다는 점에서 우리는 제3차 세계대전 중에 있으며, 역설적으로 클라우제비츠의 〈절대 전쟁〉의 개념의 현현을 목격하고 있다고 할 수 있다.

참고문헌

~~~~~~~~

* 장 보드리야르, 『시뮬라시옹』, 하태환 옮김, 서울: 민음사, 2011
* 폴 비릴리오, 『속도와 정치』, 이재원 옮김, 서울: 그린비, 2016
* 폴 비릴리오, 『전쟁과 영화』, 권혜원 옮김, 서울: 한나래, 2004

피에르 클라스트르는...
프랑스의 대표적인 정치 인류학자.
레비스트로스의 구조주의 인류학과 당시를 풍미하던 마르크스주의 인류학을 극복하고 새롭게 내보인 원시사회에 대한 연구물로 1970년대 프랑스 지식 사회에 상당한 영향을 끼쳤다. 그가 원시사회를 통해 펼쳐 보인 국가, 권력, 폭력, 복종의 관점은 지금도 우리에게 많은 시사점을 주고 있다.

V

피에르 클라스트르

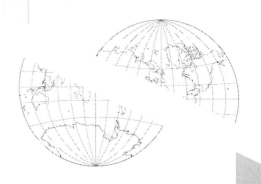

V

피에르 클라스트르

마르크스주의 인류학을 넘어서

～～～～～

프랑스 인류학자 클라스트르Pierre Clastres는 마르크스주의의 경제적 토대가 상부구조로서의 정치를 결정짓는다는 고전적 도식을 뒤집어 진정한 토대 혹은 하부구조가 정치라고 주장한다. 특히 클라스트르는 자칭 마르크스주의 인류학자인 고들리에Maurice Godelier를 비판한다. 고들리에는 원시사회의 신화나 종교 등을 '이데올로기'라고 비판하는데, 클라스트르는 마르크스가 사용하는 '이데올로기' 개념에는 계급 분화가 전제되어 있다고 말한다. 이데올로기는 계급의 분화로 인한 사회적인 균열을 은폐하고 사회를 조화로운 전체로 표상하게 만드는 지배계급의 사상이라는 것이다.

마르크스에 있어서 이데올로기란 무엇인가? 그것은 분화된 사회가, 사회 갈등을 중심으로 구조화된 사회가 자기 자신에게 행하는 담화이다. 이 담화의 임무는 분화와 갈등을 숨기고 사회적 동질성의 외양을 제시하는 것이다. (…) 이데올로기가 존재하기 위해서는, 적어도 사회 분화가 존재해야 한다.[1]

그런데 많은 원시사회에는 이러한 분화가 존재하지 않는다. 그런 의미에서 원시사회에서 '이데올로기'를 운운하는 고들리에의 비판은 잘못된 것이다. 말하자면 고들리에는 "마르크스를 제멋대로 취급"[2]한 마르크스 없는 마르크스주의, 앙꼬 없는 찐빵과 마찬가지라고 할 수 있다. "마르크스주의자도 민족학자도 아닌 자의 능란한 솜씨!"[3]

또한 고들리에는 잉카의 지배 카스트와 피지배 농민은 불평등 교환의 관계였다고 말하는데, 이것은 〈교환과 호혜성〉이라는 범주와 〈불평등〉이라는 범주를 혼동하는 것이다. 국가 없는 사회, 국가에 대항하는 사회에서 〈교환과 호혜성〉은 평등을 함축하며, 〈불평

1   피에르 클라스트르,『폭력의 고고학』, 변지현·이종영 옮김, 서울: 울력, 2003, 231쪽
2   『폭력의 고고학』, 232쪽
3   『폭력의 고고학』, 232쪽

등〉은 잉카제국과 같은 국가사회에서만 성립한다. 따라서 상호 호혜적인 교환을 계급이 분화된 사회에 투영해서는 안 된다. 클라스트르는 다음과 같이 쓰고 있다.

고들리에는 교환(원시사회, 즉 동등한 자들의 사회에만 타당한)의 범주를 계급으로 분화된 사회, 불평등에 토대해 구조화된 사회에 덧씌우려 한다. (…) 그는 여기서는 종교를 이데올로기 속에 쑤셔 넣고, 저기서는 교환을 불평등 속에 쑤셔 넣는다.[4]

심지어 고들리에는 원시사회에서 친족은 일종의 '생산 관계'라는 기이한 주장에 이른다. 클라스트르는 이것이 원시사회에 억지로 마르크스의 범주를 쑤셔 넣는 것이라고 비판한다. 오히려 진정한 인류학자인 마샬 살린스Marshal Sahlins는 원시사회를 반反-생산의 사회로 규정짓는다. 살린스에 의하면 원시사회에는 생산이 없기에 생산 관계도 존재할 수 없다. 그럼에도 불구하고 고들리에는 '성스러운 생산'을 포기하지 않는다. 왜냐하면 "성스러운 생산을 포기한다면 그는 파산하고 실업자가 될 것이기 때문이다."[5] 친족은 생산의 기능이 아니라 원시사회의 모든 사회적, 정치적 존재를 규정짓는 "명명의 기능"[6]을 한다.

---

4   『폭력의 고고학』, 233쪽
5   『폭력의 고고학』, 234쪽
6   『폭력의 고고학』, 235쪽

또한 고들리에는 "신분, 카스트, 계급으로, 착취자와 피착취자로 분화되었으면서도 국가를 갖지 않았던 수많은 사회들이 존재했고 또 아직도 존재한다"[7]고 말하는데, 사실 신분, 카스트, 계급, 착취자, 피착취자가 있다면 거기에는 국가가 있는 것이다. 클라스트르는 고들리에를 다음과 같이 비꼰다.

그는, 국가 없는 사회 분화를 사고할 수 있다는 것, 지배자와 피지배자 사이의 분화가 반드시 국가를 전제하는 것은 아니라는 것을 명백히 말하고 싶어한다. 그렇다면 도대체 고들리에에게 국가란 어떠한 것일까? 물론 정부 부처들, 엘리제 대통령궁, 백악관, 크레믈린이 그것이다. 매우 호감이 간다. 수도에 올라온 시골 사람의 순박함이다.[8]

또한 클라스트르에 의하면 정치적인 변동으로서의 계급 분화, 즉 국가의 탄생에 의해 비로소 '경제'와 '소외된 노동'이 생겨나는 것이지, 경제적 생산 양식의 변화에 의해 국가가 탄생하는 것이 아니다. 즉 "경제, 공납, 빚, 소외된 노동이 권력의 축에 따른 정치적 분화의 기호이자 효과로 나타"[9]난다는 것이다. 이런 의미에서 역사 유물론의 공식, 즉 경제적 토대와 그에 조응하는 상부구조라는 공

---

7   『폭력의 고고학』, 235쪽

8   『폭력의 고고학』, 236쪽

9   『폭력의 고고학』, 236쪽

식은 깨어져야 한다. 클라스트르는 다음과 같이 쓰고 있다.

> 불평등, 사회 분화, 계급, 지배의 기원에 대해 성찰하는 것은, 경제나 생산의
> 장에서가 아니라 정치, 권력, 국가의 장에서 사고하는 것이다. 경제는 정치
> 로부터 발생하고, 생산 관계는 권력 관계로부터 발생하며, 국가는 계급을 발
> 생시킨다.[10]

원시사회에서의 권력

〰〰〰〰

클라스트르는 인류학에서 마르크스주의뿐만 아니라 자신의 사회
를 기준으로 다른 사회를 해석하고 평가하는 서구 중심주의를 근
본적으로 탈피해야 한다고 말한다. 예를 들어 많은 사람이 원시사
회가 국가사회보다 덜 발전된 사회라거나 국가사회로 발전할 '맹
아'를 가지고 있다거나 중앙집권적 조직에 '도달하지 못했다'라고
주장하는데, 이러한 진화론적 도식은 마르크스주의와 마찬가지로
자민족 중심주의에 불과하다. 이러한 진화론에 기반한 가치 평가는
"객관성을 지니고 있다고 주장하지만 실제로는 객관성을 파괴하고
있다."[11] 클라스트르는 실제로 이러한 진화론적 은유 외에도 많은

---

10 『폭력의 고고학』, 237쪽
11 피에르 클라스트르, 『국가에 대항하는 사회』, 홍성흡 옮김, 서울: 이학사, 2005, 22쪽

생물학적 은유에 의해 인류학의 객관성이 파괴되고 있다며 한탄한다.

생물학적 은유를 사용한다. 앞에서 지적한 맹아적인, 미성숙한, 거의 발달되지 않는 등의 용어들도 이로부터 탄생하였다. (…) 실제로 맹아적 권력이 성숙한 상태로 성장할 수 있고 성장해야만 하는 것이 아니라면 도대체 그것은 무엇인가? (…) 이러한 선천적 허약함은 이들 사회의 고대성, 저발전성, 이들이 서구가 아니라는 사실로부터 유래한 것이다.[12]

원시사회에 서구 사회의 정치 권력에 대응하는 것이 존재하지 않는다고 해서 정치 권력이 없다고 말하는 것은 자민족 중심주의에 불과하다. 서구의 정치 권력이 명령-복종의 강제성에 의해 작동하는 권력인 반면, 원시사회의 정치 권력은 이러한 강제력이 작동하지 않는 권력일 뿐이다. 클라스트르는 다음과 같이 쓴다.

정치 권력을 대조하는 모델과 그것이 측정되는 단위가 서구 문명에서 발전되고 형성된 권력의 개념에 의해 이미 구성되어 버린 것이다. 우리 문화에서는 애초부터 정치 권력을 명령과 복종이라는 위계적이고 권위적인 관계 속에서 인식해 왔다. 실제적이건 잠재적이건 모든 형태의 권력은 선험적으로 권력의 본질을 표상하는 특권화된 관계로 궁극적으로 환원된다. 만약 환원

12　『국가에 대항하는 사회』, 24~25쪽

이 불가능하다면, 그것은 우리가 명령–복종 관계의 부재는 결국 정치 권력의 부재를 초래한다는 [서구적인] 정치 개념 속에 있기 때문이다.[13]

권력이 존재하지 않는, 즉 권력의 양이 제로인 사회는 존재하지 않는다는 것이다. 만약 무無권력의 사회에서 권력이 있는 사회로 연속적인 변화가 있었다면 무권력과 권력 사이에는 "무한한 중간 단계"가 존재하게 된다. 이렇게 되면 "사회를 분류하는 것이 불가능"해지고[14] 권력의 문제는 미스터리로 남는다. 즉 무권력에서 권력으로 연속적으로 변화시키는 것이 가능하다면 무권력과 권력은 단순히 '정도상의 차이'에 불과하며, 그렇다면 권력의 본질이 무엇인지 규명하는 것은 불가능하다는 것이다. 또한 무권력 사회와 권력 사회 사이의 불연속적인 변화를 가정하더라도 권력의 출현은 여전히 불가해한 것으로 남는다.

이런 의미에서 원시사회에도 권력과 정치가 존재하기에 자민족 중심주의, 즉 자기를 중심으로 세계가 회전한다는 생각에서 벗어난 태양 중심적, 코페르니쿠스적인 전환이 필요하다고 클라스트르는 말한다. 그는 역설적으로 이러한 '코페르니쿠스적 전환'을 통해서만 서구 사회가 자기 자신을 제대로 이해할 수 있다고 말한다. 그

---

13 『국가에 대항하는 사회』, 22쪽
14 『국가에 대항하는 사회』, 13쪽

는 다음과 같이 쓰고 있다.

코페르니쿠스적 사고의 전환이 필요하다. 어떤 면에서 민족학은 현재에 이르기까지 원시 문화들을 서구 문명을 중심으로 이른바 구심운동을 하는 대상으로 간주해 왔다. (⋯) 시각의 완전한 전복이 필요하다. 이것이 바로 정치 인류학이 우리에게 증명해 보이는 것이다. 정치 인류학은 원시사회들의 한계보다는 정치 인류학 자체의 내부적 한계, 즉 서구 그 자체가 인류학에 새겨 놓은 한계를 지니고 있다. 정치 인류학의 권력에 대한 성찰이 그것이 탄생한 대지의 인력으로부터 벗어나 사고의 진정한 자유를 얻기 위해서는, 그리고 그것을 쩔쩔매게 하는 자연사의 사실로부터 해방되기 위해서는 "태양 중심적" 사고로의 전환이 필요하다.[15]

원시사회에서 작동하는 권력은 서구와는 매우 다른데, 추장의 말은 명령이 아니며 구성원도 그에 복종할 의무가 없다. 이런 의미에서 원시사회의 권력은 비-강제적이라고 할 수 있다. 그렇다면 이러한 비-강제적 권력이란 무엇인가? 그것은 사회적 통합을 통해 공동체를 재생산하는 순수한 '능력'을 의미한다고 보아야 할 것이다. 원시사회 추장의 "본질적인 특징" 세 가지는 다음과 같다.

---

15 『국가에 대항하는 사회』, 34쪽

(1) 추장은 "평화의 중재자"이다.

(2) 추장은 구성원들에게 끊임없이 재화를 제공해야 한다.

(3) 추장은 말을 잘해야 한다.[16]

물론 추장은 전쟁 시에 강제적 권력을 가지지만, 평상시 공동체의 주요한 결정은 "강제가 아닌 전원합의"를 통해서 내려진다. 추장의 첫 번째 역할은 이러한 합의가 잘 이루어져 공동체 내부의 평화가 유지되게 하는 것이다. 클라스트르는 다음과 같이 쓴다.

추장의 책무는 집단 내부의 평화와 조화를 유지하는 것이다. 또한 추장은 (…) 자기 자신의 위신과 공평함, 말솜씨를 가지고 싸움을 달래고 불평을 가라앉혀야 한다. 추장은 형을 언도하는 재판관이라기보다는 타협점을 찾는 중재자이다.[17]

이러한 중재의 노력이 실패하면, 추장은 갈등하는 사람들 사이의 폭력사태를 방지할 수 없게 된다.

추장의 두 번째 역할은 구성원들에게 끊임없이 재화를 주는 것이다. 추장이 자신의 재화가 없어지는 것을 아쉬워하면 그의 위신

---

16 『국가에 대항하는 사회』, 39쪽

17 『국가에 대항하는 사회』, 40쪽

이 깎일 뿐만 아니라 나아가 그 지위를 박탈당할 수도 있다. 즉 "탐욕과 권력은 양립할 수 없으며"[18] 원시사회에서 추장은 가장 가난한 사람이다. 이런 의미에서 원시사회에서 추장을 찾으려면 가장 부유하고 장식물이 많은 사람이 아니라 그 반대의 사람을 찾아야 한다.

인디언 부족에서는 추장을 쉽게 알아볼 수 있다. 왜냐하면 추장은 다른 누구보다도 소유물이 적고 가장 초라한 장식물만을 지닌 사람이기 때문이다.[19]

마지막으로 추장의 세 번째 역할은 끊임없이 말을 하는 것이다. 이러한 말을 통해 구성원들 사이의 평화가 재생산된다. 평화의 중재자로서 추장은 장광설을 늘어놓는데, 그 주제는 "평화, 조화, 정직이라는, 부족 전원에게 장려할 수 있는 미덕"[20]이다.

이런 의미에서 추장의 특징은 평화의 중재, 관대함, 말을 잘함이라고 할 수 있다. 클라스트르는 여기에 다수의 부인을 거느리는 것도 포함시킨다. 그런데 여기서 그는 "평화의 중재"가 나머지 셋과 구분되어야 하며, 이 나머지 셋은 교환관계에 있다고 말한다. 즉 이들은

사회구조와 정치체제 사이의 균형을 유지하는 증여와 대응 증여의 집합을

---

18 『국가에 대항하는 사회』, 42쪽
19 『국가에 대항하는 사회』, 41쪽
20 『국가에 대항하는 사회』, 42쪽

규정한다. 추장이 예외적인 수의 아내를 거느릴 수 있는 권리를 지니는 대신 집단은 추장에게 재산에 대해 연연해하지 말 것과 말솜씨를 요구한다.[21]

여기서 증여와 반증여는 선험적인 것으로서 "권력 구성의 양식"을 이룬다. 반면에 "평화의 중재"는 이와 같이 증여와 반증여에 의해 구성된 권력의 경험적인 "실행 양식"일 뿐이다. 이런 의미에서 구조적인 것은 '평화의 중재'가 아닌 나머지 세 가지의 ⟨증여와 반증여의 체계⟩이고, '평화의 중재'는 추상적 구조의 층위가 아닌 "추장권의 구체적 작용"[22]에 불과하다고 할 수 있다. 왜냐하면 사회는 여성, 재화, 언어라는 세 가지 '기호'의 체계에 기초하기 때문이다. 그리고 권력은 이들 "세 가지(의) 본질적인 구조적 수준"에 존재한다.

원시사회에서 권력 관계는 추장과 집단 사이의 관계로 나타난다. 추장은 집단에게 재화와 말을 증여하고, 집단은 추장에게 여성들을 증여한다. 클라스트르는 이러한 각각의 증여가 일방통행임을 보여 준다.

혹자는 집단이 증여하는 여성들이 추장의 딸들을 낳아서 집단의 다른 남자들에게 제공하므로 이것이 상호적인 '교환'이 아니냐고 물을 수도 있을 것이다. 하지만 클라스트르는 추장이 아들을 낳게

---

21 『국가에 대항하는 사회』, 49쪽
22 『국가에 대항하는 사회』, 50쪽

되면, 그 아들이 세습에 의해 추장이 됨으로써 많은 여성을 거느리게 되어 "매 세대마다 딸들을 통해 전 세대의 일부다처혼을 중화시킬 가능성"이 사라진다고 말한다.

또한 추장은 집단에게 일방적으로 재화를 증여한다. 그는 노동을 면제받지 못하는데, 구성원들에게 줄 재화를 계속 만들어야 하기 때문이다. 클라스트르는 다음과 같이 쓴다.

추장은 부족민들에게 줄 선물을 끊임없이 고민해야만 하는 존재이다. 추장은 다른 집단과의 교역을 통해 재화를 마련하기도 하지만 그보다는 자기 자신의 창의적인 생각과 노동을 통해 재화를 마련하는 경우가 더 많다. 따라서 남아메리카에서 가장 열심히 일하는 사람은 흥미롭게도 바로 지도자이다.[23]

추장은 사실상 언어를 독점하고 있다. 따라서 "말하는 자가 곧 추장"이라고 할 수 있다. 추장이 아닌 사람들은 거의 말하지 않는데, 그들의 말이 추장을 더럽힌다고 생각하여 추장처럼 말하는 것을 부끄러워하기 때문이다.

이런 의미에서 추장은 집단에게 말과 재화를 '일방적으로 증여'하고, 집단은 추장에게 여성들을 '일방적으로 증여'한다고 할 수 있다. 또한 여성과 〈말 또는 재화〉는 등가 교환될 수 없는데, 이는 여

---

23 『국가에 대항하는 사회』, 53쪽

성들의 가치가 훨씬 더 높기 때문이다. 따라서 여성, 말, 재화라는 세 가지 '기호'들은 교환의 '외부'에 있다고 할 수 있다.

이 세 가지 기호들은 교환 가치를 지닌 것이 아니며 그들의 순환은 호혜성에 따라 이루어지지 않고, 각각은 소통의 영역 바깥에 존재한다.[24]

이와 같이 추장을 소통의 영역 '바깥'에 있게 하는 것은, 곧 의미 작용의 영역 밖, 더 나아가 "집단의 구조 바깥에 위치하도록" 만든다. 이것은 추장을 집단적 의미작용, 즉 〈문화〉로부터 추방하여 권력과 자연을 동일시하게 한다. 그리고 문화는 이러한 '자연'에 대한 부정이므로 권력에 대한 '부정'이 된다. 이것은 "문화가 권력을 자연의 재출현으로 파악한다는 의미에서의 부정"이다.

이와 같은 의미에서 원시사회는 추장의 권력을 체계적으로, 구조적인 수준에서 견제한다고 할 수 있다.

국가에 대항하는 전쟁

~~~~~~

따라서 원시사회는 '국가에 대항하는 사회', 즉 국가 권력의 탄생을 체계적으로 저지하는 사회라고 볼 수 있다. 추장이 명령권과 강제

---

24 『국가에 대항하는 사회』, 54쪽

력을 가지는 것은 오직 전쟁 때인데, 전쟁에서 승리한다고 해서 권위가 생기는 것은 아니며 단지 그 '위신'만 높아질 뿐이다. 그런데 그 승리의 기억마저도 빠르게 잊혀지기 마련이기에 권력을 탐하는 자들은 끊임없이 새로운 전쟁을 벌이려고 한다. 이러한 욕망이 사회의 욕망을 넘어서면, 명령이 작동하지 않게 된다. 왜냐하면 전쟁 중에는 추장에게 강제력이 있지만, 평시에서 전시로 넘어가는 것을 규정하는 것은 구성원들의 만장일치이기 때문이다.

또 위신에 대한 욕망은 추장이 배후에서 전쟁을 지휘하고 사람들을 조종하는 것이 아니라 직접 전투에 참여하게 만든다. 이런 의미에서 전쟁에서 공을 세우려는 욕망, 곧 위신에 대한 욕망은 무모한 전쟁을 기획하게 하여 구성원들이 추장을 버리게 만든다. 그리고 이렇게 버려진 추장은 고립 속에서 적군에게 죽임을 당하게 된다. 클라스트르는 다음과 같이 쓰고 있다.

그는 위신에 대한 욕망과 그 욕망을 실현시킬 힘이 없다는 점 사이에 갇힌 죄수이다. 이러한 상황에서 도대체 무엇이 일어날 수 있는 것일까? 전사는 고립된 상태에서 죽음에 이를 수밖에 없는 가망 없는 전투에 참가하지 않을 수 없게 된다. 그것이 남아메리카의 전사 푸시웨의 숙명이었다. 그는 사람들이 원하지 않는 전쟁을 하도록 부추겼기 때문에 그의 부족으로부터 버림받게 되었다. 그는 홀로 전쟁을 수행할 수밖에 없었고 결국 적의 화살을 맞고 죽었다. 죽음은 전사의 운명이다. 왜냐하면 원시사회는 위신에 대한 욕망을 권

력에 대한 의지로 대체하는 것을 허용하지 않기 때문이다.[25]

이런 의미에서 '전쟁'조차도 국가 권력의 출현을 방해하는 기제가 될 수 있는 것이다. 이는 『폭력의 고고학』의 11장과 12장에 잘 드러나 있다.

특히 12장에서는 **매우 특수한** 유형의 원시사회에서 '전사'가 등장하는데, 이들은 일종의 '전위前衛'이자 가미카제 같은 '돌격대'이다. 이들은 특히 끊임없이 '위신'을 얻기 위해 개인적 기획에 의해 다른 부족과 전투를 치르기도 한다. 이러한 전쟁은 "전사의 사적 목적, 개인적 목적"을 위해 치러지는 것이다. 이들 '전사'들에게 전쟁은 유일한 삶의 의미이다. 클라스트르는 다음과 같이 쓴다.

> 이러한 유형의 사회에서 전사 집단은 소수의 남자들만으로 이루어진다. 전투 행위에 자신의 모든 시간을 바쳐 헌신하기로 확고하게 선택한 자들, 전쟁이 자기 존재의 토대, 최고의 명예, 자기 삶의 유일한 의미인 자들이 그들이다.[26]

일반적인 유형의 원시사회에서는 때때로 그러나 모든 남자들이 전쟁을 하지만, 이 특수한 유형의 사회에서는 소수의 남자들이 끊

---

25 『국가에 대항하는 사회』, 260쪽
26 『폭력의 고고학』, 303쪽

임없이 전쟁을 한다. 물론 이러한 특수한 유형의 사회에서도 공동체 전체가 관련된 전쟁에는 모든 남자들이 참여한다. 하지만 "부족이 다른 부족들과 상대적인 평화의 상태에 있을 때도"[27] '전사'들은 사적, 개인적 목적에서 전쟁을 한다. 그리고 승리하면 공동체로부터 찬사를 받는다. 이런 의미에서 이와 같이 특수한 사회의 전사와 공동체 사이에도 '긍정적'인 관계가 존재한다고 볼 수 있다. 따라서 이러한 유형의 사회를 '전사적' 사회라고 부를 수 있는 것이다. 클라스트르는 모든 원시사회가 바로 이러한 '전사적' 사회로 변형될 수 있다고 말한다.

모든 원시사회는 외적 또는 내적인 지역적 정황에 따라 전사적 사회로 변형될 수 있다. 외적인 지역적 정황이란 예컨대 이웃 집단의 공격성의 증가나 또는 오히려 감소가 그들에 대한 공격욕을 배가시키는 것이다. (…) 정도의 차이는 있지만, 그 사회들은 전사의 역할을 대단히 발전시켰고, 전사들의 단체를 제도화했으며, 사회적 몸체의 정치적이고 의례적인 생활의 중심적 위치를 전쟁에 부여했고, 한마디로 거의 비사회적인 전쟁의 그처럼 고유한 형태와 그것을 담당하는 사람들을 사회적으로 승인한 사회들이다.[28]

이러한 사회에서는 전사들에게 '귀족'의 지위를 부여한다. 대신

---

27 『폭력의 고고학』, 303~304쪽

28 『폭력의 고고학』, 304~305쪽

사회는 이 '귀족'에게 과도한 찬사를 보냄으로 이 '귀족'들이 끊임없이 (사적인) 전쟁을 일으키도록 부추긴다. 그러나 이렇게 우월한 사회적 위치에 있는 귀족들은 전공戰功에 의한 '위세'만 사회로부터 얻을 뿐, 그것이 권력으로 전환되지는 않는다. 왜냐하면 사회에는 전사들의 명령을 따라야 할 의무가 없으며, "전사적 사회는 전사들이 사회로부터 분리된 권력 기관을 구성하도록 방치하지 않"기 때문이다.[29]

또한 이러한 '전사'의 지위는 카스트를 형성하지 않는데, 전사 집단은 모두에게 '열려 있는' 집단이기 때문이다. 이렇게 모두에게 열려 있는 '귀족'의 지위에도 불구하고 '전사'가 되고자 하는 사람은 적다. 결국 전사는 자신의 위세에 대한 열망 때문에 '무모한 과열 경쟁'의 소용돌이에 빠지게 되고, 결국 "적들과의 대결에서 외로운 죽음"[30]을 맞게 되기 때문이다. 이러한 의미에서 클라스트르는 이렇게 쓴다.

전사에게 다른 대안이란 없다. 그에게 열려 있는 유일한 길은 죽음을 향한 길이다. 그의 임무는 끝이 없는 것이다. (…) 최고의 무훈을 실현하면서 그는 절대적 영예와 함께 죽음을 얻는다. 전사는 그 존재에 있어서 죽음을-향한-

---

29 『폭력의 고고학』, 312쪽

30 『폭력의 고고학』, 341쪽

존재인 것이다.[31]

그렇기 때문에 수많은 전투에 참여했지만 〈전사〉가 되기를 회피한 사례들이 많다. 특히 "십여 번 죽을 고비를 넘긴"[32] 사람조차도 왜 〈전사〉가 되지 않았느냐는 질문에 "그건 너무 위험해. 나는 죽고 싶지 않았어"[33]라고 말했다는 것은 시사하는 바가 크다. 말하자면 전사는 사회에 의해 죽도록 '가스라이팅'되었다고 볼 수 있다. 사회는 전사를 '이용'할 뿐만 아니라 그의 영웅적인 죽음까지도 선전용으로 '이용'한다. 이런 의미에서 클라스트르는 다음과 같이 의미심장하게 말한다.

전사는 사회에 의해 죽도록 운명 지워진 것이다. "야만적" 전사에게 있어서 행복이란 결코 없고 오직 불행의 확실성만이 있다. 왜냐하면 전사는 분화의 씨앗을 가져다주면서, 권력의 분리된 기관이 되면서, 사회에 불행을 가져올 수 있기 때문이다. 그래서 원시사회는 전사가 탐지하고 있는 위험을 예방하기 위해 방어 메커니즘을 형성한다. 비분화된 사회적 몸체의 생명을 전사의 죽음과 교환하는 것이다.[34]

---

31 『폭력의 고고학』, 341쪽
32 『폭력의 고고학』, 343쪽
33 『폭력의 고고학』, 343쪽
34 『폭력의 고고학』, 345쪽

클라스트르는 이러한 사회적 몸체의 비분화는 일반적인 유형의 원시사회에서, 특히 '전쟁'에 의해서도 이루어진다고 말한다. 그리고 이것은 그 사회를 통치하는 권력 기관, 즉 국가가 존재하지 않음을 의미한다.

클라스트르는 선입견과는 달리 '전사적' 사회가 아닌 다른 유형의 원시사회에서도 전쟁은 매우 흔한 일이라고 하면서, 나아가 "원시사회들의 존재는 전쟁을-위한-존재"라고 말한다. 전쟁은 원시사회의 보편성이라는 것이다. 홉스Thomas Hobbes도 인디언 사회의 민족지民族志를 접했기 때문에 〈자연 상태〉의 인간들의 삶을 '만인에 대한 만인의 전쟁'이라고 표현할 수 있었다는 것이다.

> 홉스는 아메리카 인디언들의 강렬한 호전성을 잘 알고 있었다. 그래서 그는 그들의 실제 전쟁을 통해 자기 주장의 확실성을 명확히 확인했다. 국가의 부재는 전쟁을 일반화하고 사회 제도를 불가능하게 한다는 주장이 그것이다.[35]

말하자면 홉스는 〈국가는 전쟁을 불가능하게 한다〉고 주장한 것인데, 클라스트르는 이 명제를 〈전쟁은 국가를 불가능하게 한다〉로 바꾸어 놓는다. 클라스트르의 주장을 듣기 전에 기존의 원시사회와 전쟁의 관계에 대한 담화들을 검토해 보자.

---

35 『폭력의 고고학』, 250쪽

(1) **자연주의적 담화**에서는 전쟁이 인간의 생물학적 본성과 무관하지 않다고 말한다. 즉 폭력이 "종으로서 인류의 속성"[36]이라는 것이다. 이런 의미에서 폭력은 인간에게 있어서 일종의 생물학적 소여所與인 것이다. 이러한 관점에 따르면 전쟁은 일종의 '인간 사냥'으로 "사냥의 반복, 연장, 재전개"에 지나지 않는 것이다.[37]

그러나 클라스트르는 사냥의 목적이 식량의 획득이라면 그것은 공격 행위가 될 수 없다고 말한다. 동물이 다른 동물을 잡아먹는 것은 공격 행위가 아니다. 특히 인간이 동물과 다를 바 없다고 주장하는 자연주의적 입장에서는 원시 사냥꾼도 다른 동물들과 마찬가지로 식욕을 위해 사냥을 하는 것이므로 사냥은 공격 행위가 아니다. 반면에 전쟁은 그 자체로 공격 행위이다. 따라서 전쟁과 사냥 사이에는 정도상의 차이가 아니라 본성상의 차이가 있다고 볼 수 있다. 이런 의미에서 피에르 클라스트르는 전쟁이 생물학적 본능에 의한 행위가 아니라 사회적인 행위라고 주장한 것이다. 전쟁은 "종으로서의 인간 현실이 아니라 원시사회의 사회적 존재에 뿌리내리고 있"으며 원시 전쟁의 "보편성은 자연적인 것이 아니라 문화적이라는 것"을 받아들여야 한다.

---

36 『폭력의 고고학』, 254쪽

37 『폭력의 고고학』, 255쪽

(2) **경제주의적 담화**는 원시사회의 경제적 생산력이 상당히 낮아서 재화의 희소성에 의해 인간들이 서로 다투게 되었다는 가설이다. 이러한 가정은 원시 경제가 생존만을 허용하는, 즉 겨우겨우 살아가는 '생존 경제'라고 주장한다. 그러나 마샬 살린스 등의 연구에 의하면 원시사회는 풍요로운 사회였다.

한 공동체에 필요한 식량의 양과 그것을 획득하기 위한 노동 시간에 대한 살린스와 리조의 분석은 유목 수렵민 사회이건 정주 농경민 사회이건 원시사회는 그 짧은 생산 시간을 감안할 때 진정으로 여가의 사회임을 드러내 준다. (…) 오늘날의 연구들은 원시 경제가 희소성의 경제는 커녕 풍부한 경제임을 드러낸다.[38]

이러한 경제주의적 담화는 자체에 내적 모순을 담고 있다. 만약 원시 경제가 생존 경제이기에 사람들이 하루하루 살아갈 에너지만 얻는다면, 어떻게 그렇게 많은 에너지를 소모하는 전쟁을 할 수 있는 것인지 설명할 수 없기 때문이다.

(3) **교환주의적 담화**는 원시 전쟁을 생물학적인 차원이나 경제학적 차원이 아닌 엄밀하게 사회학적인 차원에 위치시킴으로,

---

38   『폭력의 고고학』, 262쪽

그리고 구조주의라는 방법론을 동원함으로 설명하려고 한다. 이러한 교환주의는 전쟁을 교환의 실패로 규정짓는다. 그런 의미에서 교환주의에서 "전쟁은 그 자체로서는 어떠한 실증성도"[39] 갖지 못한다고 할 수 있다. 말하자면 원시사회에 있어서 전쟁이란 순수한 부정성否定性이며 하나의 일탈, 사회에 있어서 비본질적인 것이다.

그런데 클라스트르는 이러한 교환주의적 담화가 실증주의적 분석에 의해 깨어진다고 말한다. 왜냐하면 원시사회에서 전쟁은 너무 자주 일어나며, 원시인들은 전쟁을 매우 중요하고 본질적인 것으로 생각하기 때문이다. 클라스트르는 다음과 같이 쓴다.

교환주의적 담화는 (…) 민족지적 소여를 고려하고 있지 않다. 어떤 사회에서건 간에, 자연환경과 사회·경제적 조직 양식이 어떠하든지 간에, 거의 보편적으로 나타나는 전쟁 현상, 그리고 자연스럽게 다양한 강도를 갖는 전쟁 행위가 바로 그러한 소여이다.[40]

또한 교환주의와는 반대로 원시사회에는 자급자족과 독립성

---

39 『폭력의 고고학』, 267쪽

40 『폭력의 고고학』, 268쪽

이상의 것이 있으며, 이들은 "타자를 필요로 하지 않는다는 데에 자긍심을 가진다."[41]

그러나 교환은 원시사회의 〈현실〉이기도 하다. 이런 의미에서 클라스트르는 원시사회에서 폭력과 교환의 중요성 모두를 강조한다.

전쟁은 교환과 마찬가지로 원시사회의 존재에 속한다. 이는 앞으로 확립해야 할 것이지만, 우리는 전쟁을 사고하지 않고서는 원시사회를 사고할 수 없다. 홉스에게 원시사회는 만인에 대한 만인의 전쟁이었다. 레비 스트로스Claude Levi Strauss의 관점은 홉스의 관점과는 정반대이다. 즉 원시사회는 만인 사이의 교환이라는 것이다. 홉스는 교환을 빠트리고, 레비 스트로스는 전쟁을 빠트린다.[42]

또한 클라스트르는 원시사회에서 전쟁의 목적은 공동체들의 투쟁을 통해 상위 공동체를 형성시키지 못하도록 〈파편화〉시키는 데 있다고 말한다. 더 나아가 이러한 파편화로서 전쟁은 각각의 공동체를 응집시켜 비분화된 상태로 만든다는 것이다. 이런 의미에서 전쟁이야말로 공동체를 진정한 의미의 공동체로 만든다고 할 수 있다. 전쟁을 할 수 없는 공동체는 주권을

---

41 『폭력의 고고학』, 266쪽

42 『폭력의 고고학』, 269쪽

상실한 공동체라는 것이다.

스피노자Benedictus de Spinoza는 인간은 자신의 역량만큼 자유로울 수 있으며 이 역량이야말로 자연권이라고 주장한다. 그에 따르면 인간은 다른 인간과 제대로 연합할 때만 역량을 증대시킬 수 있다고 한다. 즉 연합을 통해서만 자유와 자연권을 증대시킬 수 있다는 것이다. 이러한 자유는 이제 추상적인 자유가 아니라 연합의 구체적인 독립 속에서 의미를 갖게 된다. 공동체의 이러한 독립은 다른 공동체의 공격을 방어해낼 때 가능해진다. 스피노자는 다음과 같이 쓴다.

우리는 인류에게 특유한 자연권은 사람들이 공통으로 권리를 가지고, (…) 자신들을 지킬 수 있고 경작할 수 있으며, 모든 폭력을 물리칠 수 있고, 전체 공동체의 판단에 따라서 살아갈 수 있는 영토를 함께 성공적으로 방위할 수 있는 곳을 제외하고는 거의 생각될 수 없다고 결론짓는다.[43]

전쟁을 수행할 능력이 있는 공동체만이 자유로울 수 있다는 말이다. 이런 의미에서 공동체의 정치적 자유는 전쟁의 목적이

---

43 베네딕투스 데 스피노자, 『정치론』, 황태연 옮김, 전주: 비홍출판사, 2013, 30쪽

된다. 그리고 이렇게 자유로운, 그래서 독립된 여러 공동체 위에는 상위의 통일적 일자the one가 존재하지 않는다. 이러한 자유를 억제하는 통일성을 불가능하게 하는 것이 바로 〈파편화〉로서의 전쟁이다.

이러한 〈파편화〉가 가능한 것은 각각의 원시-공동체들이 모나드monad를 이루기 때문이다. 이 모나드들은 "자기 자신 속에 닫혀 있기는커녕, 전쟁 폭력의 극단적 강도 속에서 타자들을 향해 열려 있다."[44] 이런 의미에서 전쟁은 모나드들 사이의 '차이'를 긍정하는 것이다. 그런데 일반화된 교환은 이러한 모나드들 사이의 '차이'를 지워 버린다. 피에르 클라스트르는 다음과 같이 쓴다.

차이의 논리로서의 원시사회의 논리는 동일성의 논리로서의 일반화된 교환의 논리와 모순된다. 일반화된 교환의 논리는 동일화의 논리이다. 원시사회가 무엇보다 거부하는 것은 바로 그러한 동일화의 논리이다. 타자와 동일시되는 것에 대한 거부, 자신을 자신으로 구성해 주는 것, 자신의 존재 자체, 자신의 고유성, 스스로를 자율적 "우리"로 생각하는 능력 등을 상실하는 것에 대한 거부가 바로 그것이다. (…) 만인 사이의 교환은 원시사회의 붕괴를 가져온다. (…) 원시사회에 내재하는 것은

44   『폭력의 고고학』, 279쪽

파편화, 분산, 찢어짐의 원심적 논리이다. (…) 전쟁은 원시사회의 구조이지, 결여된 교환이라는 우발적 실패가 아니다.[45]

이런 의미에서 전쟁은 원시사회의 본질에 속한다. 그리고 교환 당사자는 동맹자들이고 "교환의 영역은 동맹의 영역과 정확하게 일치한다."[46] 그리고 원시사회에서 전쟁은 동맹보다 존재론적으로 선행할 뿐만 아니라, 전략적으로는 전술적인 것으로서 동맹을 규정한다. 그리고 이러한 전쟁에 의한 파편화와 공동체 내의 비분화는 국가의 출현을 방지한다. 왜냐하면 국가는 사회 내의 계급적 분화를 전제로 하며, 파편화는 통일된 일자로서 국가의 형성을 불가능하게 만들기 때문이다. 클라스트르는 다음과 같이 쓴다.

한편으로 공동체는 자신의 비분화된 존재를 유지하려고 하고 그리하여 하나의 통일적 층위—지배하는 우두머리의 형상—가 사회적 몸체로부터 분리되어 지배자와 피지배자의 사회적 분화를 도입하는 것을 가로막는다. 다른 한편으로 공동체는 자신의 자율적 존재를 유지하려 하며, 자기 고유의 법의 기치 아래 머무르려 한다. 즉 공동체는 외재적 법에

---

45 『폭력의 고고학』, 279쪽

46 『폭력의 고고학』, 283쪽

> 의 종속으로 이끄는 모든 논리를 거부하고, 통합적 법의 외재성에 대립
> 한다. 그렇다면 모든 차이들을 모아 제거하는, 다수성의 논리를 대립되
> 는 통합의 논리로 대체하기 위해서 축출하면서 지탱되는 이 법적 힘이
> 란 어떤 것일까? 원시사회가 본질적으로 거부하는 이 일자의 이름은
> 무엇일까? 그것은 국가이다.[47]

이런 의미에서 원시사회는 단순히 국가가 없는 사회가 아니라, 국가에 대항하는 사회, 국가를 적극적으로 저지하는 사회이다. 그리고 원시사회의 '본질'이라고 말할 수 있는 전쟁은 바로 이러한 국가의 원리와 반대된다. 이런 의미에서 국가에 대항하기 위해 원시사회는 전쟁에 돌입하며, "적들이 존재하지 않는다면 만들어내야 한다"[48]고 할 수 있는 것이다.

결론

~~~~~~

원시사회는 다양한 제도와 장치를 통해 국가 권력이 출현하는 것을 저지한다. 원시사회에서 추장의 말은 강제력이 없으며, 원시사

---

47 『폭력의 고고학』, 293쪽
48 『폭력의 고고학』, 293쪽

회에는 명령-복종의 관계가 존재하지 않는다. 추장은 원시사회의 의미작용의 질서로서 '교환의 질서' 바깥에 존재하며 문화 바깥의 자연과 동일시된다. 그리고 원시사회는 자신들의 문화를 자연에 대한 부정으로 규정한다.

전사적 사회에서는 공동체 전체가 '전사'를 가스라이팅하여 높은 지위를 부여하는 척하면서 그들이 권력을 가질 수 없도록 '설계'한다. 전사는 '위세'에 대한 욕망 때문에 홀로 전장에서 고립된 채 죽을 운명에 처하게 된다.

'전사적 사회'가 아닌 일반적인 원시사회에서도 '전쟁'이 국가의 형성을 막는다. 왜냐하면 전쟁은 내적으로 비분화된 공동체로서의 '우리'를 재생산하고, 동시에 상위의 통일적 일자가 출현하지 못하도록 '파편화'하기 때문이다.

그러나 이러한 주장에는 원시 공동체들을 일종의 모나드들로 보는 관점이 투영되어 있다. 들뢰즈와 가타리는 이러한 원시 공동체들을 자급자족하는 '닫힌' 사회로 보는 관점을 비판한다.

참고문헌

* 베네딕투스 데 스피노자, 『정치론』, 황태연 옮김, 전주: 비홍출판사, 2013

* 피에르 클라스트르, 『국가에 대항하는 사회』, 홍성흡 옮김, 서울: 이학사, 2005

* 피에르 클라스트르, 『폭력의 고고학』, 변지현·이종영 옮김, 서울: 울려, 2003

질 들뢰즈는...
프랑스의 철학자. 서구의 2대 지적 전통인 경험론·관념론이라는 사고의 기초형태를 비판적으로 해명했다.

펠릭스 가타리는...
프랑스의 정신분석학자이자 철학자, 기호학자, 사회활동가. 정신분열분석을 고안하고 생태철학에 관해 여러 저작을 남겼다.

VI

들뢰즈와 가타리

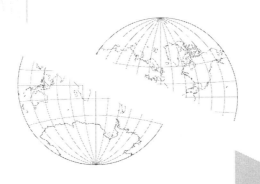

VI

들뢰즈와 가타리

전쟁 기계의 '이념'

~~~~~~~~~

들뢰즈$^{Gilles\ Deleuze}$와 가타리$^{Pierre\text{-}Felix\ Guattari}$는 유목적인 전쟁 기계 $^{machine\ de\ guerre}$가 "하나의 〈추상〉, 하나의 〈이념〉, 즉 실재적이면서도 현행적이지는 않은 무엇"[1]이라고 말한다. 그런데 이러한 전쟁 기계의 '이념'은 전쟁과 분석적인 관계를 맺고 있지 않다. 즉 전쟁

---

1   질 들뢰즈 · 펠릭스 가타리, 『천 개의 고원』, 김재인 옮김, 서울: 새물결출판사, 2003, 806쪽

기계는 전쟁을 목적으로 하는 존재자^{being}를 의미하는 것이 아니다. 이것은 전쟁 기계와 전쟁이 매우 다양한 관계를 맺고 있으며, 그것이 분석적 관계가 아니라 종합적 관계임을 의미한다. 이를 통해 들뢰즈와 가타리는 클라우제비츠의 '전쟁 이념'을 탈구축한다. 여기서 탈구축이란 이념을 파괴하는 것이 아니라 적당한 변형을 통해 새롭게 한다는 의미이다. 그러면서도 들뢰즈와 가타리는 클라우제비츠의 '이념적 전쟁'과 '현실적 전쟁'의 구분 자체는 유효하다고 말한다.

무엇보다 먼저 〈이념〉으로서의 절대 전쟁과 현실 전쟁 간의 이러한 구분은 상당히 중요해 보이지만 클라우제비츠와는 다른 기준을 적용할 때만 그렇다. 즉 순수 〈이념〉은 적의 추상적 섬멸이라는 이념이 아니라 반대로 전쟁을 목표로 삼지 않으며 전쟁과는 잠재적이고 보충적이며 종합적인 관계만을 갖는 전쟁 기계의 이념이다. 따라서 유목적인 전쟁 기계는 클라우제비츠가 언급한 바와 같이 많은 현실 전쟁 중의 단순한 한 가지 사례처럼 보이지는 않는다.[2]

유목적 전쟁 기계의 주요 활동은 매끈한 공간으로서 "유목적 공간과 구성을 발명"[3]하는 것이다. 이러한 유목적 공간의 구성은 기본적으로 국가장치의 홈이 패인 공간과 충돌하므로 유목적 전쟁

---

2   『천 개의 고원』, 806쪽

3   『천 개의 고원』, 806쪽

기계는 국가장치와 충돌하게 되어 있다. 우리는 이러한 '충돌'을 '전쟁'이라 부른다. 들뢰즈와 가타리는 다음과 같이 쓴다.

> 전쟁 기계는 반드시 전쟁을 목표로 하는 것은 아니기 때문이다. (…) 전쟁 기계는 본질상 매끈한 공간의 구성요소이며, 따라서 이 공간의 점거, 이 공간에서의 이동, 또 이 공간에 대응하는 인간 편성의 구성요소이기 때문이다. 바로 이것이 전쟁 기계의 유일하고 진정한 적극적인 목표다(노모스). (…) 그래도 어쩔 수 없이 전쟁이 초래된다면 그것은 전쟁 기계가 이 기계의 적극적인 목적에 대립하는(홈을 파는) 세력으로서의 국가나 도시와 충돌하기 때문이다. 일단 이렇게 충돌하고 나면 전쟁 기계는 국가와 도시, 국가적·도시적 현상을 적으로 간주하고 이들의 섬멸을 목표로 삼는다.[4]

이런 의미에서 전쟁 기계의 '전쟁'은 보충적이고 종합적인 관계를 맺는다고 할 수 있다. 들뢰즈와 가타리는 이러한 전쟁 기계가 전쟁의 일차적 목적이 되는 것은 그것이 국가에 전유되었을 때라고 말한다. 말하자면 클라우제비츠는 '국가'라는 틀에서 벗어나지 못했으며, '순수 전쟁'을 플라톤적 의미의 '이데아'라는 동일자同一者로 규정지었다는 것이다. 반면 들뢰즈-가타리의 '전쟁 기계'의 '이념' 혹은 '이데아'는 플라톤적인 동일자가 아니라 〈순수 사건〉 혹은

---

4   『천 개의 고원』, 799~800쪽

〈이념적 사건〉과 관계를 맺는다. 이것은 이미 『차이와 반복』이나 『의미의 논리』에 잘 드러나 있다.

우선 들뢰즈는 『차이와 반복』에서 '이념'을 '문제'로 규정지으며 다음과 같이 쓴다.

> 문제는 사건의 질서에 속한다. 이는 단지 해의 경우들이 어떤 현실적 사건들처럼 출현하기 때문만이 아니다. 그것은 또한 문제의 조건들 자체가 어떤 사건, 단면, 절제 (…) 등을 함축하고 있기 때문이다. (…) 이때 한쪽의 계열들은 현실적이고, 이 현실적 계열들은 산출된 해들의 수준에 속한다. 반면 다른 한쪽의 계열들은 이념적이거나 이상적이고, 이 이념적 계열들은 문제의 조건들 안에 있다.[5]

'문제'로서의 '이념'은 『천 개의 고원』에서도 나타난다. 들뢰즈는 흥미롭게도 유목 과학과 왕립 과학을 구분 짓는데, 왕립 과학이 공리계에 의해 작동한다면 유목 과학은 '문제'에 의해 작동한다고 할 수 있다. 유목 과학에서 '문제'는 일종의 전쟁 기계이다. 그리고 이러한 '전쟁 기계'로서의 문제는 '매끈한 공간으로서의 바다'와 깊은 관련을 맺고 있다: "매끈한 공간인 바다는 전쟁 기계에게 고유한 문제 중의 하나이다."[6] 여기서 들뢰즈와 가타리는 비릴리오가

---

5   질 들뢰즈, 『차이와 반복』, 김상환 옮김, 서울: 민음사, 2011, 410~411쪽

6   『천 개의 고원』, 697쪽

『속도와 정치』에서 주요하게 언급한 '현존 함대'에 대해서 말한다.

비릴리오가 잘 보여 주고 있듯이 현존 함대 문제, 즉 어떠한 점에서라도 돌출해 소용돌이 운동을 하면서 열린 공간을 차지하는 문제가 제기되는 곳은 바로 바다이기 때문이다.[7]

또한 들뢰즈와 가타리가 말하는 '절대적인 속도'는 매끄러운 공간의 구성으로서 현존 함대처럼 공간의 어떤 점에서도 튀어나올 수 있는 능력을, 그리고 '상대적인 운동'은 홈이 패인 공간 속에서 한 점에서 다른 점으로 이동하는 것을 의미한다. 이런 의미에서 절대적인 속도와 상대적인 운동 사이에는 양적인 차이가 아닌 질적인 차이가 있다고 할 수 있다. 들뢰즈와 가타리는 다음과 같이 쓴다.

따라서 속도와 운동을 구별할 필요가 있다. 운동은 아무리 빨라도 그것만으로는 속도가 될 수 없으며, 속도는 아무리 늦어도, 설령 전혀 움직이지 않더라도 여전히 속도인 것이다. 운동은 외연적이며 속도는 내포적인 것이다. 운동은 "하나"로 간주되는 어떤 물체가 어느 한 지점에서 다른 한 지점으로 이동하는 경우 갖게 되는 상대적인 성격을 가리키는 데 반해, 속도는 어느 물체의 환원 불가능한 부분들(원자)이 돌연 어떠한 지점에서라도 출현할 수 있는 가능성과 함께 소용돌이를 일으키는 방식으로 매끈한 공간을 차지하거나

---

7   『천 개의 고원』, 697쪽

채우는 경우 물체가 갖게 되는 절대적 성격을 가리킨다.[8]

어쨌든 우리는 유목 과학이 '현존 함대'처럼 '절대적인 속도'를 통해 '매끄러운 공간'을 구성하는 전쟁 기계라는 사실을 알 수 있다. 유목 과학은 또한 "갖가지 특이성들"을 이념적 사건으로서의 문제로 벡터들의 장 속에 분배한다. 들뢰즈는 실제로 『의미의 논리』에서 "이념적 사건이란 (…) 곧 특이성"[9]이라고 말한다. 이러한 순수 사건 혹은 이념적 사건은 "하나의 유일하고 동일한 대문자 사건"[10] 속에서 소통한다. 그리고 이 '소통'은 '이념적인 놀이'[11]를 통해서 이루어진다. 이념적인 놀이를 통해 모든 계열들을 소통시키는 우발점으로서 대문자 사건에 의해 특이점으로 순수 사건들의 (재)분배가 일어나기 때문이다. 이러한 배분은 일의적一義的인 분배로서의 '유목적인 분배'이다. 들뢰즈는 다음과 같이 쓰고 있다.

한번-던짐은 하나의 혼돈이며, 각 수는 이 혼돈의 조각들이다. 각 수는 특이점들의 배분, 즉 별자리를 만들어낸다. 그러나 가설에 부합하도록 고정된 결과들 사이에서 닫힌 공간을 분할하기보다는 유일하고 미분할된 던짐의 열린

---

8 『천 개의 고원』, 732쪽

9 질 들뢰즈, 『의미의 논리』, 이정우 옮김, 파주: 한길사, 2015, 121쪽

10 『의미의 논리』, 124쪽

11 김상범, 『들뢰즈의 이념적인 놀이』, 서울: 바른북스, 2023 참조.

공간 안에서 분배되는 것은 가변적인 결과들이다. 이러한 배분은 곧 정주적인 분배가 아니라 유목적인 분배이다.[12]

이러한 유목적인 분배, 즉 〈노모스nomos〉에 기초한 분배는 『차이와 반복』에서 '유비analogy'와 '일의성univocity'을 비교시키기 위해 등장한다. '유비'의 분배는 〈로고스logos〉의 분배로서 닫힌 공간의 정주적 분할 혹은 이른바 정해진 '몫'의 분할을 의미하며, 이러한 할당의 원리로서 상식이나 양식이 작동한다. 원래 유비란 존재의 비례적인 배분을 뜻한다. 이런 의미에서

이런 유형의 분배는 고정되고 비례적인 규정들, 재현 안에 제한되어 있는 '소유지'나 영토들과 유사한 규정들에 의해 진행된다. 이렇게 부분들을 (…) 구별하는 능력인 이런 유기적 판단에서 토지의 문제는 상당히 중요했을 수도 있다.[13]

이러한 분할은 존재론적 맥락에서 "존재가 재현의 요구들에 따라서 배당"[14]된다는 뜻이다. 여기서 각각의 존재자being에게 존재가 불균등하게 분배되므로 존재는 일의적이지 않다.

---

12 『의미의 논리』, 133쪽
13 『차이와 반복』, 104쪽
14 『차이와 반복』, 104쪽

반면에 유목적 분배에는 할당된 '몫'이 존재하지 않으며 "소유지도 울타리도 척도도 없"[15]다. 차라리 여기서는 존재자들이 일의적인 '존재' 안에서 할당된다고 할 수 있다. 즉 일의적인 존재는 모든 존재자들에게 동등하게 직접적으로 현전한다. 들뢰즈는 다음과 같이 쓰고 있다.

> 동등한 존재는 중개나 매개 없이 모든 사물들에 직접적으로 현전한다. 바로 사물들이 이 동등한 존재 안에서 동등하지 않은 채로 자리한다고 해도, 그 존재 자체는 직접 현전한다. (…) 존재의 일의성은 또한 존재의 동등성을, 평등을 의미한다. 일의적 존재는 유목적 분배이자 왕관을 쓴 무정부 상태이다.[16]

또한 노모스의 분배는 공간을 차지하는 방식인데, 이것은 닫힌 공간을 분할하는 것이 아니라 열린 공간 안에서 사람들을 "가능한 최대의 공간을 메우도록 여기저기 배치"[17]하는 것이다. 『천 개의 고원』에서도 다음과 같이 정주적인 분배logos와 유목적인 분배nomos가 구분된다.

---

15 『차이와 반복』, 104쪽
16 『차이와 반복』, 106쪽
17 『차이와 반복』, 104쪽

유목민의 궤적은 발자취나 관습적인 길을 따르더라도 정주민들의 도로의 기능을, 즉 인간들에게 닫힌 공간을 배분하고 부분적인 공간을 각자의 몫으로 지정한 다음 부분들 간의 교통을 규제하는 기능을 수행하지 않는다. 그것은 정반대의 기능을 한다. 즉 인간들(또는 짐승들)을 열린 공간 속으로, 무규정적이며 교통하지 않는 공간 속으로 분배한다. 노모스는 지금은 결국 법을 의미하게 되었지만 본래는 분배를, 분배의 양태를 가리키는 말이었다. 그러나 그것은 경계선도, 테두리도 없는 공간에서 부분들로 분할하지 않고 이루어지는 아주 특수한 분배이다.[18]

이런 의미에서 유목적 전쟁 기계의 '이념'은 유목적 분배가 이루어지는 매끈한 공간의 창조를 뜻한다고 할 수 있다.

외부성의 형식으로서의 전쟁 기계

뿐만 아니라 들뢰즈와 가타리는 전쟁 기계를 외부성의 형식으로, 국가장치를 내부성의 형식으로 규정짓는다. 그런데 내부성의 형식으로서의 국가에는 전쟁 기계를 온전히 내면화시킬 만한 능력이 없다.

---

18 『천 개의 고원』, 730쪽

국가 자체는 전쟁 기계를 갖고 있지 않다. 국가는 단지 군사 제도 형태로서만 전쟁 기계를 전유할 수 있지만 이 전쟁 기계는 끊임없이 국가에 문제를 제기한다.[19]

들뢰즈와 가타리는 이러한 전쟁 기계의 외부성은 클라우제비츠에게서 잘 드러난다고 말한다. 클라우제비츠의 '절대 전쟁' 혹은 '이념으로서의 전쟁'이라는 개념은 궁극적으로 정치 혹은 국가장치의 통제를 벗어나 있음을 말하고 있기 때문이다.

전쟁 기계가 외부성의 형식이라는 말은 이처럼 국가가 내부성으로 환원되지 않는다는 뜻일 뿐만 아니라, 전쟁 기계를 구성하는 입자들도 그 자체의 내적 본성을 소유하지 않는다는 의미이다. 흥미롭게도 들뢰즈와 가타리는 이런 의미에서 국가장치의 놀이는 장기에, 전쟁 기계의 놀이는 바둑에 비유할 수 있다고 말한다. 장기에서 각 말들은 내적인 특성과 자기-동일성을 가지고 있으며 코드화되어 있다. 따라서 장기의 전쟁은 "제도화되고 규칙화되어 있는 전쟁으로서 (…) 코드화되어 있다"[20]고 할 수 있다. 반면 바둑알은 그 자체로는 특성을 가지지 못하며 "오직 상황적 특성만을 갖고"[21] 있다. 이런 의미에서 장기가 '내부성의 형식'이라면, 바둑은 '외부성의 형

---

19 『천 개의 고원』, 678쪽
20 『천 개의 고원』, 674쪽
21 『천 개의 고원』, 674쪽

식'이라고 할 수 있다. 뿐만 아니라 장기에서는 말이 한 점에서 다른 점으로 이동하는 반면, 바둑에서는 알이 "목적도 목적지도 없이, 출발점도 도착점도 없는 끝없는 되기"[22]를 수행한다.

또한 들뢰즈와 가타리에 의하면 사유에 있어서도 내부성의 형식과 외부성의 형식은 구별된다. 그들은 우리의 상식적인 사유가 국가로부터 빌려 온 모델을 사용하고 있다고 밀한다. 예를 들어 칸트의 비판철학은 근대국가의 〈법〉 혹은 〈재판〉의 논리를 차용하여 〈순수이성의 법정〉이라는 말을 자주 사용하며 근대 사회에서 입법자와 신민의 이데올로기적 동일성을 통해 사람들을 국가에 복종하도록 만든다. 들뢰즈와 가타리는 다음과 같이 쓰고 있다.

소위 근대 철학과 근대국가 또는 이성적 국가에서는 모든 것이 입법자와 신민을 중심으로 운용된다. 따라서 국가가 입법자와 신민을 구별할 때는 사유가 이 양자의 동일성을 사유할 수 있도록 해주는 형식적 조건을 충족시켜야 한다. 항상 복종하라, 복종하면 할수록 너희들은 주인이 될 수 있다. 왜냐하면 너희들은 오직 순수이성, 즉 너희 자신에게만 복종하고 있기 때문이다. 철학은 토대를 놓는 역할을 자임한 이래 항상 기존 권력을 찬양하고, 국가의 여러 원리를 국가 권력의 여러 기관들 속으로 전사해 왔다. 상식, 즉 〈코기토cogito〉를 중심으로 한 모든 능력들의 통일은 절대화된 국가의 합의인 것이다.[23]

───────

22 『천 개의 고원』, 675쪽
23 『천 개의 고원』, 721쪽

이런 의미에서 들뢰즈와 가타리는 칸트 때부터 철학자가 일종의 국가공무원이 된 것이 놀랄 일이 아니라고 말한다.

그런데 들뢰즈와 가타리에 의하면 우리의 상식적인 사유의 이미지에는 두 개의 머리가 있다. 하나는 칸트의 사례에서 볼 수 있는 공화국이고 다른 하나는 제국이다. 참된 사유의 제국은 정초를 놓으며 마법과 뮈토스mythos에 의해 작동하는 반면, 자유로운 정신들의 공화국은 근거를 정당화하며 맹약 혹은 계약과 로고스에 의해 작동한다. 이러한 〈제국〉과 〈공화국〉은 절합articulation되어 다음과 같은 사유의 이미지, 즉 입헌군주국을 형성한다.

〈지고한 존재〉라는 관념을 군주로 하는 자유로운 정신들의 공화국[24]

또 이들은 실제 국가 형식의 변화에 의해 사유의 이미지도 변한다고 말한다. 고대 제국에서는 마법적 기능이 우세했기에 시인이 "사유의 이미지의 조련사"[25]였고, 근대국가에서는 사유의 이미지를 주입하는 역할이 사회학자에게 있었다. 현대사회에서는 정신분석학이 칸트를 따라 〈법〉의 원리를 보편화하려고 노력한다.

그런데 제국이든 공화국이든 입헌군주국이든 국가장치에 사로

---

24 『천 개의 고원』, 719쪽

25 『천 개의 고원』, 722쪽

잡힌 사유의 이미지는 내부성의 형식의 통제를 받는다. 그리고 사유는 국가를 보편적 차원에서 정당화한다. 따라서

> 국가는 사유에 내부성의 형식을 부여하고, 다시 사유는 이 내부성에 보편성의 형식을 부여한다.[26]

이와 같이 국가를 정당화하거나 국가-형식에 갇힌 사유가 아닌, 들뢰즈와 가타리가 반-사유라고 부르는 사유가 존재한다. 반-사유는 "바깥의 사유", 혹은 바깥에 의한 사유이다. 즉 사유를 바깥의 힘과 직접적으로 마주치게 하는 것, 이것이 반-사유이다. 이러한 외부성의 형식에 의한 사유는 하나의 이미지가 아니라, 오히려 모든 종류의 독단적인 사유–이미지를 불가능하게 만드는 폭력이다.

> 외부성의 형식, 즉 항상 자체의 외부에 존재하는 힘 또는 마지막 힘, n번째 역량은 전혀 국가장치의 영감을 받은 이미지와 대립하는 또 하나의 이미지가 아니다. 이와 반대로 이미지와 이 미지의 사본들을, 모델과 이 모델의 재생산들을, 즉 사유를 〈진리〉, 〈정의〉, 〈법〉이라는 모델(…)에 종속시킬 수 있는 모든 가능성을 파괴하는 힘이다.[27]

---

26 『천 개의 고원』, 720쪽

27 『천 개의 고원』, 724쪽

데카르트적인 '방법'의 사유는 '홈 패인 공간'의 사유로서 하나의 지점에서 다른 지점으로 이동하는 것을 뜻한다. 외부성의 형식은 이러한 '방법'의 사유를 넘어 "사유를 매끈한 공간 속에 위치"[28]시킨다. 이러한 사유는 뮈토스나 로고스가 아니라 파토스pathos에 의한 사유이다. 들뢰즈와 가타리는 특히 뮈토스와 로고스의 사유는 언어를 통제하고 "affect, 상황, 심지어 우연을 통제"[29]한다고 말한다.

반면에 파토스적인 사유는 권력에 의한 언어의 통제를 벗어나 "언어를 관리하지 않고, 모국어 속에서 이방인"이 됨으로써 개념적 질서의 '외부'를 만들어낸다. 이런 의미에서 파토스적 사유는 '외부성의 형식'을 지닌다. 그리고 이와 같이 통제를 넘어서는 "감정이 전쟁 기계를 형성한다."[30]

클라스트르에 대하여: 수용과 비판

〰〰〰〰

들뢰즈와 가타리는 전쟁에 대한 클라스트르의 논의를 일부 수용하면서도 비판한다. 그들은 국가의 탄생을 생산력의 발전으로 설명

---

28 『천 개의 고원』, 724쪽
29 『천 개의 고원』, 725쪽
30 『천 개의 고원』, 726쪽

해서는 안 된다는 클라스트르의 주장을 받아들인다. 오히려 "대토목공사의 수행이나 잉여 생산물의 축적 그리고 이에 상응하는 공적 기능들의 조직화"는 고도로 조직화된 국가를 전제로 한다는 것이다.[31]

들뢰즈와 가타리는 전쟁이 사냥의 연장이나 경제적 희소성의 결과가 아니라 엄밀한 의미에서 사회적인 차원이 있다는 클라스트르의 주장을 수용한다. 또한 전쟁과 전쟁 기계가 국가에 반대된다는 명제를 깊이 받아들인다. 그들은 전쟁이 교환의 실패라고 주장하는 교환주의적 담화를 거부한다는 점에서 클라스트르와 같다.

전쟁을 하나의 자연 상태라고 결론지어서는 안 된다. 반대로 전쟁은 국가를 저지하고 물리치는 사회 상태의 한 양태인 것이다. 원시사회의 전쟁은 국가를 생산하는 것도, 그렇다고 또 국가에서 파생되는 것도 아니다. 또 그것은 국가에 의해서나 교환에 의해서도 설명될 수 없다. 전쟁은 가령 교환의 실패에 제재를 가하기 위한 것이라 하더라도 교환으로부터 파생되기는커녕 오히려 교환을 한계짓고 "결연"의 테두리 내에서 유지하려고 한다. 바로 이것이, 교환이 국가의 요인이 되어 집단을 융합시키는 것을 막아 준다.[32]

그러나 클라스트르가 원시 공동체를 국가에 연대기적으로 선행하는 자족적 실체로 보는 것은 비판한다. 들뢰즈와 가타리에 의하

---

31 『천 개의 고원』, 687쪽
32 『천 개의 고원』, 684~685쪽

면 이러한 생각은 "민속학자들의 꿈"에 불과하다는 것이다. 다시 말해 "언제 어디서나 국가는 존재"[33]했다는 것이다. 들뢰즈와 가타리는 고고학의 증거에 주목해야 한다고 말한다. 고고학에 의하면 제국은 구석기 시대부터 존재해 왔다.[34] 그리고 우리가 〈원시 공동체〉라고 부르는 공동체는 제국과 병존하면서 서로 상호작용하는 존재였다. 즉 원시 공동체는 '모나드'가 아니라는 것이다. 들뢰즈와 가타리는 다음과 같이 쓴다.

> 원시 공동체들의 자급자족, 자율성, 독립성, 선재성 등은 단지 민속학자의 꿈일 뿐이다. 이러한 공동체들은 반드시 국가에 의존하는 것이 아니라 복잡한 연결망 속에서 국가와 공존하고 있었기 때문이다.[35]

이런 의미에서 들뢰즈와 가타리는 원시사회에 역동성이 존재하지 않는다는 것은 거짓말이며, 원시인은 끊임없이 '되기'를 수행하고 있다고 말한다.

또한 원시사회에는 "국가로 향하는 벡터들과 국가를 저지하는 메커니즘이 동시에 존재"[36]했다고 한다. 클라스트르는 국가에 대항

---

33 『천 개의 고원』, 827쪽
34 『천 개의 고원』, 824쪽
35 『천 개의 고원』, 827쪽
36 『천 개의 고원』, 830쪽

하는 사회가 선재했고, 이렇게 국가에 대항하는 사회로부터 국가가 탄생하는 것을 "전면적 절단"이라고 가정한다. 이처럼 국가로 향하는 경향이 존재하기 때문에 이 경향을 저지하는 다양한 메커니즘이 필요한 것이다.

물론 국가와 원시사회의 동시성은 국가를 극복할 수 없다는 의미가 아니다. 심지어 들뢰즈와 가타리는 "가장 오래된 유목적 삶의 기원조차도 정확히 말해 대부분 도시에서 이루어지는 정주 생활을 포기하고 (…) 유목적 삶을 시작한 민족들까지로 거슬러 올라갈 수 있다"[37]는 그랴즈노프M.P. Gryaznov의 말을 인용한다.

도구와 무기

~~~~~~~~

들뢰즈와 가타리에 의하면 '도구'와 '무기'는 구별되어야 한다. 그러나 단순히 용도에 따라, 즉 인간을 살상하는가 아닌가로 구별되어서는 안 된다. '무기'는 기본적으로 던지거나 던져지는 것, 즉 투사projection와 깊은 관련이 있는 반면에 '도구'는 내향적introceptif이고 내사적內射的이다. 다른 말로 하면 도구와 무기는 원격작용을 하지만, 도구는 구심적이고 무기는 원심적으로 작용한다는 것이다.

---

37 『천 개의 고원』, 828쪽

무기와 전쟁은 수렵으로부터 발생한 것이 아니라 인간과 인간 사이의 '전쟁 관계'로부터 발생했다. 그리고 이것은 클라우제비츠의 절대 전쟁과는 달리 한순간에 폭력이 폭발하는 것이 아니라 폭력을 무제한으로 지속시키는 "폭력의 경제"가 작동하는 관계이다. 이러한 폭력의 경제에서는 '수렵'과는 달리 동물들을 함부로 죽이지 않고 일종의 모터로 사용한다. 전쟁 기계는 어떤 경우에도 동물을 획득물이 아닌 살아 있는 동력이자 무기로 사용한다. 특히 이런 의미에서 "목축과 조련은 (…) 투사적인 그리고 발사적인 체계의 발명품이라고 할 수 있다."[38]

이러한 모터의 이상적 모델에는 노동 모델과 자유로운 행동 모델이 있는데, 노동 모델은 마찰 등의 저항 때문에 동력원이 소진되어 "매 순간 끊임없이 갱신되어야 한다."[39] 반면 자유로운 행동 모델은 저항에 부딪히지 않고 오직 동체 자체에만 작용한다. 그리고 노동 모델에서는 무게중심이라는 하나의 '점'의 상대적 이동이 중요한 반면에, 자유로운 행동에서는 "물체의 성분들이 (…) 탈출해 점을 갖지 않는 공간을 절대적으로 차지"한다는 점이 중요하다. 따라서 노동이 상대적인 운동과 관련된다면, 자유로운 행동은 절대적인 속도와 관련된다고 할 수 있다.

---

38 『천 개의 고원』, 760쪽
39 『천 개의 고원』, 763쪽

또한 노동은 도구와, 자유로운 행동은 무기와 관련된다. 더 나아가 들뢰즈와 가타리는 도구는 노동을, 무기는 자유로운 행동을 전제한다고 말한다. 이것은 기술적 요소보다 "사회적 또는 집단적 기계"[40]로서 "기계적 배치물"이 더 중요하다는 의미이다. "기술적 요소들의 집합인 기술적 기계"[41]는 이 사회적/집단적 기계보다 덜 중요하다. 그리고 이러한 기계적 배치물은 "무엇이 기술적 요소인가, 용도와 내용과 적용 범위는 어떠한가"[42]를 규정짓는 심급이다.

무기에 대해 앞선 것으로 전제되는 자유로운 행동은 전쟁 기계를 통해 실현되고, 도구에 대해 앞선 것으로 전제되는 노동은 '노동 기계'를 통해 실현된다. 이런 의미에서 무기 체계를 만들어내는 것은 기계적 배치물로서의 전쟁 기계이다. 들뢰즈와 가타리는 다음과 같이 사례를 들어 설명하고 있다.

창과 칼이 청동기 시대부터 등장하게 된 것은 인간-말이라는 배치 덕분으로, 이 배치는 단검과 꼬챙이의 길이를 늘려 보병 최초의 무기였던 망치와 도끼를 쓸모없는 것으로 만들어 버렸다. 이어 등자가 인간-말이라는 배치에 새로운 형태를 강제하는데, 다시 이것은 새로운 유형의 창이나 새로운 무기 제작을 부추겼다.[43]

40　『천 개의 고원』, 764쪽
41　『천 개의 고원』, 764쪽
42　『천 개의 고원』, 764쪽
43　『천 개의 고원』, 766쪽

이처럼 도구도 "노동의 조직과 인간-동물-사물의 가변적인 배치"[44]에 의해 만들어지고 변화되었다는 것이다.

궁극적으로 모든 배치는 욕망의 배치이다. 〈욕망의 배치〉라는 표현은 욕망이 자연적이거나 자연발생적이라는 말이 아니라, 오히려 "배치하고 배치되는 것"임을 보여 준다. 그리고 정념은 "배치에 따라 달라지는 욕망의 현실화"[45]를 뜻한다. 그렇기에 전쟁의 배치와 노동의 배치는 서로 다른 정념을 동원한다.

(1) 노동의 배치는 〈형식〉의 조직화나 발전, 주체의 형성과 관계가 있고, 이러한 "노동자의 형식"은 sentiment의 정념 체제를 함축한다.

(2) 전쟁의 배치는 sentiment가 아닌 affect의 체제로서 "동체 자체의 속도와 요소들 간의 속도의 합성"[46]과 관계가 있다. 이를 이해하기 위해서는 들뢰즈의 스피노자 해석을 경유할 필요가 있다. 들뢰즈에 의하면 스피노자 철학에서 〈개체〉를 외연적으로 형성하는 것은, 오직 속도에 의해서만 구별되는 입자들 사이의 "연결접속과 운동 관계"로 운동과 정지의 관계들, 빠름과

---

44 『천 개의 고원』, 766쪽

45 『천 개의 고원』, 767쪽

46 『천 개의 고원』, 768쪽

느림의 관계들이다. 이를 들뢰즈는 몸체의 '경도'라고 부른다. 반면에 들뢰즈가 몸체의 '위도'라고 부르는 것은 이러한 관계들에 대응하는 "개체를 변용시키는 강렬함들"[47]이다. 이러한 강렬함을 스피노자-들뢰즈는 affect라고 부른다. 그리고 추상적인 입자들은 형식과 기능으로부터 벗어나 있으며, 조직화와 발전의 평면이 아닌 내재성의 평면에 존재한다.

조직화와 발전의 평면은 "언제나 형식들과 이 형식들의 발전, 주체들과 이 주체들의 형성과 관계"된다는 점에서 sentiment와 깊은 관련이 있는 반면, 내재성의 평면은 affect들과 관련이 있으며 더 나아가 "affect들을 배분하는 평면"[48]이다.

여기서 affect는 정서emotion의 급속한 방출로서 투사되는 것인데 반해, sentiment는 "항상 이동하고 지연"되는 내향적인 것이다. 이런 의미에서 affect는 그 자체로 무기이며, 무기는 전쟁 기계를 변용시킨다는 점에서 affect이다.

그리고 들뢰즈와 가타리에 의하면 본질적으로 도구는 '기호'와, 무기는 '보석류'와 관계가 있다. 도구와 노동은 국가장치에 속해 있는데, 국가에 의한 노동의 강제는 "문자에 의한 행동의 기호화"를

---

47   『천 개의 고원』, 486쪽

48   질 들뢰즈, 『스피노자의 철학』, 박기순 옮김, 서울: 민음사, 2017, 184쪽

필요로 한다. 원시사회에는 노동이 존재하지 않았고, 기호는 움직이지 않는 객체적 물질 위에 쓰이는 '문자'가 아니다. 오히려 원시사회에서 기호는 육체에 새겨지는 것이었다. 들뢰즈와 가타리는 실제로 『안티 오이디푸스』에서 원시사회는 교환에 의해 짜여진 것이 아니라 "표시하고 표시되기"에 의해 구성된다고 말하는데, 이러한 '표시'는 인간의 몸에 새겨지는 것이다. 말하자면 원시 사회체의 본질은 "문신하기, 절제하기, 째기, 자르기, 긁어내기, 훼손하기, 명료화, 통과의례"[49]에 존재했다는 것이다. 이것은 니체가 말한 '약속할 수 있는 인간'으로서 "주권적 개체"를 탄생시키기 위한 '기억술'과 관련이 있다. 니체는 다음과 같이 쓴다.

아마도 인간의 선사시대 전체에서 인간의 기억술만큼 무섭고 섬뜩한 것은 없었다. "어떤 것이 기억에 남으려면 그것은 낙인처럼 달구어 새겨져야 한다. 끊임없이 고통을 주는 것만이 기억에 남는다."[50]

이와 같이 고통스러운 기억을 통해 자신이 약속한 것을 반드시 지키려는 의지와 능력을 갖춘 인간이 태어난다. 이렇게 약속할 수 있는 인간, 다른 말로 하면 자기 자신을 지배할 수 있는 주권적 개체만이 타자를 지배할 능력과 의지를 가질 수 있게 된다.

---

49 질 들뢰즈·펠릭스 가타리, 『안티 오이디푸스』, 김재인 옮김, 서울: 민음사, 2015, 252쪽
50 프리드리히 니체, 『도덕의 계보』, 박찬국 옮김, 파주: 아카넷, 2023, 103쪽

약속을 지킬 수 있는 이 해방된 인간, 자유로운 의지의 소유자, 이 주권자가 약속을 지키지 못하면서 자신에 대해 책임을 질 수 없는 모든 자보다 자신이 얼마나 탁월한 자인지를, (…) 얼마나 많은 신뢰와 공포와 경외(…)를 불러일으키는지를 어찌 모르겠는가? 동시에 자신에 대한 이러한 지배와 함께, 환경과 자연 그리고 끈질긴 의지를 갖지 못한 신뢰할 수 없는 피조물에 대한 지배도 필연적으로 그에게 맡겨져 있다는 사실을 어찌 모르겠는가?[51]

이렇게 주권적 개체를 탄생시키는 생물학적 기억과 구별되는 사회적 기억, 즉 '미래에 대한 기억'은 결국 몸에 기호를 새기는 "잔혹의 체계"로부터 탄생했다. 이것은 최초의 기호체계의 수립이기에 이러한 기억은 사물을 기억하는 것이 아닌 말을 기억하는 것이요, 결과들을 기억하는 것이 아닌 기호들을 기억하는 것이다. 그리고 이러한 '잔혹'은 자연적 폭력과는 상관이 없으며, 오히려 "문화의 운동"[52]이다.

그런데 원시사회가 국가에 의해 정복당한 이후에는 "기호는 몸체에 기입되기를 멈추고 움직이지 않는 객체적인 물질 위에 쓰여진다."[53] 즉 '글쓰기' 혹은 에크리튀르ecriture가 제국의 식민지로서 원시사회에 도입되는 것이다. 들뢰즈와 가타리에 의하면 국가는

---

51 『도덕의 계보』, 101쪽
52 『안티 오이디푸스』, 254쪽
53 『천 개의 고원』, 769쪽

처음부터 제국이었으며, 이러한 제국은 '문자'와 깊은 관련이 있다. 들뢰즈와 가타리는 다음과 같이 쓰고 있다.

> 기록하는 자는 바로 전제군주이며, 표기 행위를 엄밀한 의미의 글이 되게 하는 것은 바로 제국 구성체이다. 입법, 관료제, 회계, 징세, 국가 전매, 제국의 정의, 공무원의 활동, 역사 서술 등 이것들은 모두 전제군주의 수행원들 속에서 기록된다.[54]

반면 유목민들의 무기는 본질적으로 보석류와 관계가 있다. 보석류를 가공하여 만든 유목민들의 장식품은 운반하기 쉬울 뿐만 아니라, 절대적인 흐름 혹은 절대적인 속도의 〈표현의 특질〉을 구성한다. 유목민들에게 있어서 금과 은은 물질이 아니라 "무기에 적합한 표현의 특질"[55]이다. 이러한 장식품의 가공은 노동이 아니며 자유로운 행동이다.

도구냐 무기냐를 규정짓는 것은 배치의 문제, 즉 그 사물이 국가 장치라는 배치물에 속하느냐 혹은 전쟁 기계라는 배치물에 속하느냐의 문제이다. 그리고 배치를 지정하는 것은 이 사물의 변별적 특질이다. 이런 의미에서

---

54 『안티 오이디푸스』, 347~348쪽
55 『천 개의 고원』, 770쪽

건축과 요리는 분명히 국가장치와 친화성을 갖는 반면, 음악과 마약은 유목적인 전쟁 기계 쪽에 속할 수 있도록 해주는 변별적 특질을 갖고 있다고 말할 수 있을 것이다.[56]

따라서 무기는 〈투사-속도-자유로운 행동-보석류-affect〉라는 변별적 특질에 의해 전쟁 기계에 속하고, 도구는 〈내향-중후함-노동-기호-sentiment〉라는 변별적 특질에 의해 국가장치에 속한다.

들뢰즈와 가타리는 또한 무기를 만들어내는 테크놀로지가 '노동'에 의한 것이 아님을 강조한다. 시몽동Gilbert Simondon에 의하면 아리스토텔레스적인 기술적 대상의 개체화에 대한 질료質料-형상 모델은 주인-노예의 관계와 그에 의한 노예의 노동을 전제하며, 더 나아가 주인의 관점에서 본 테크놀로지에 대한 상상이다. 명령을 내리는 주인의 관점에서 형상은 여러 대상들을 가로질러 "추상적으로 동일한 것으로"[57] 남아 있으며, 또한 주인은 만들어진 대상 속에서 '질료'를 재발견한다. 이러한 질료를 제공하는 것이 주인 자신이기 때문이다. 그런데 이러한 대상을 직접 생산하는 장인의 관점에서는 모든 것이 달리 보인다. 동일한 주제에 많은 변주가 존재하듯이 벽돌마다 형상이 다른데, 노동자의 동작은 동일할 수 없으며

56 『천 개의 고원』, 772쪽

57 질베르 시몽동, 『형태와 정보 개념에 비추어 본 개체화』, 황수영 옮김, 서울: 그린비, 2017, 104쪽

특수한 사건들이 항상 개입하기 때문이다. 또한 노동자에게 있어서 '질료'보다 중요한 것은 "형태를 부여하는 노력"[58]인 것이다.

이러한 시몽동의 질료-형상 모델의 비판은 형상과 질료 사이의 중간지대로서 "에너지적, 분자적 지대"가 존재함을 주장한다. 이 중간적 지대는 특히 '무기'를 생산하는 테크놀로지에서 중요하다. "특이성들과 〈이것임〉들을 갖고 있는 운동 중에 있는 에너지적 질료성"[59] 그리고 표현의 특질로서 강도적인 가변적 affect들(이를테면 목재의 다공질 정도나 탄성, 저항력의 정도)이 중요하다.

들뢰즈와 가타리는 이러한 특이성들과 표현의 특질들의 집합이 여러 기술적 대상들을 가로질러 현실화될 때는 '기계적 문phylum'이라 부르고, '지층화'될 때는 '기계적 배치물'이라고 부른다. 이런 의미에서 "기계적 문은 이 모든 배치들을 관류貫流해 한 배치물을 떠나 다른 배치물로 이동하거나 모든 배치물을 공존시키거나 한다"고 할 수 있다. 또 들뢰즈와 가타리는 모든 기계적 문을 관통하는 일종의 '관념적인 기계적 문'이 존재한다면서 이것이 "운동-물질의 흐름, 특이성과 표현의 특질을 짊어지고 연속적으로 변주되는 물질의 흐름"[60] 자체를 의미한다고 말한다. 이런 의미에서 "관념적으

---

58 『형태와 정보 개념에 비추어 본 개체화』, 109쪽
59 『천 개의 고원』, 784쪽
60 『천 개의 고원』, 781쪽

로 연속적인 유일한 기계적 문밖에는 존재하지 않는다"[61]고 할 수 있다.

들뢰즈와 가타리는 야금술이 바로 이러한 '기계적 문' 혹은 물질의 흐름과 본질적인 관계를 맺고 있다고 말한다. 야금술의 관념은 물질로부터 물질성을 해방하고 형상으로부터 변형을 해방하는데, 여러 배치물들을 통과하는 '기계적 문'으로서의 특이성들과 표현의 특질들의 집합은 바로 이러한 형상과 물질의 제약으로부터 해방된 상태이기 때문이다. 들뢰즈와 가타리는 다음과 같이 쓰고 있다.

> 다양한 형상의 계기들은 연속적으로 전개되는 형상에 의해, 다양한 물질들의 변화는 연속적으로 변주되는 물질에 의해 대체되는 경향이 있다. 야금술이 음악과 본질적 관계를 맺고 있는 것은 (…) 이 양자를 관통하는 경향, 즉 서로 분리된 형상들을 초월해 형상의 연속적 전개를 두드러지게 하고, 변화하는 다양한 물질을 초월해 물질의 연속적 변주를 우선시하는 경향 때문이다.[62]

이런 의미에서 야금술은 물질의 비非유기적 생명과 관련이 있다고 할 수 있다. 더 나아가 들뢰즈와 가타리는 금속이 이런 의미에서 '기관 없는 신체'라고 말한다. 그리고 이러한 야금술을 가지고 있는

61　『천 개의 고원』, 781쪽

62　『천 개의 고원』, 788~789쪽

자들은 대장장이로, 유목민도 정주민도 아니지만 둘 '사이'에 있으면서 두 집단과 모두 관계를 맺는다.

먼저 대장장이들은 농업 제국에서 농산물을 얻고, 광산을 이용하기 위해 광산을 관리하는 유목민과도 관계를 맺어야 했다. 또한 들뢰즈와 가타리에 따르면 "모든 광맥은 도주선이며, 매끈한 공간과 통해 있다."[63] 이런 의미에서 유목민과 광산은 깊은 관계가 있다고 할 수 있다. 농업 제국에서 광산을 관리할 때도 광부들은 유목민들과 결탁하기도 했다.

유목민이 매끄러운 공간을 창조하고 정주민들이 국가에 의해 홈이 패인 공간에서 사는 반면, 대장장이는 순회하고 이동하는 자들이다. 이들은 차라리 "공간에 구멍을 뚫고" 그에 대응하는 비유기적인 생명을 구성한다. 들뢰즈와 가타리는 다음과 같이 쓴다.

산을 기어오르는 것이 아니라 산을 뚫고 지나가며, 대지에 홈을 파는 것이 아니라 파고 들어가고, 공간을 매끄럽게 하는 것이 아니라 공간에 구멍을 뚫어 대지를 마치 스위스 치즈처럼 구멍투성이로 만드는 것이다.[64]

이와 같이 구멍투성이의 공간은 매끈한 공간과 홈 패인 공간 모두와 소통한다. 이러한 소통은 기계적 문이 모든 기계적 배치물을

---

63 『천 개의 고원』, 791쪽
64 『천 개의 고원』, 794쪽

관통하며, 기계 중에서 가장 추상화=탈영토화된 것이기 때문에 발생하는 것이다. 이러한 구멍 뚫린 공간이 유목 공간에 연결 접속 connexion의 방식으로 접속한다면, 정주 공간에는 결합 접속conjonction의 방식으로 접속한다. 즉 대장장이와 유목민의 접속은 리좀Rhizome을 이루는 반면, 대장장이와 국가장치의 결합 접속은 나무 형태를 재생산한다. 다시 말해 대장장이에게 있어서 유목민과의 만남은 기계적 문의 다양한 현실화를 실험할 수 있게 하고 연결 접속을 통해 기존의 체계로부터 벗어난 도주선을 그리게 만드는 반면에, 국가장치는 이러한 대장장이의 창의성을 말살하고 억압하여 그들의 작업이 '노동'이 되게 만든다.

> 유목적 배치와 전쟁 기계 쪽에서 그것은 일종의 리좀이 되어 비약하고 우회하고 지하를 통과하고, 또한 공중에 줄기를 뻗어 다양한 출구, 궤적, 구멍을 만든다. 그러나 다른 측면에서는 정주적 배치와 국가장치가 문을 포획하고 표현의 특질을 형상 또는 코드 속에 도입하며 구멍 전체를 공명시킴으로써 도주선을 틀어막고 기술적 조작을 노동 모델에 종속시켜 다양한 연결 접속들에 수목적 결합 체제를 강요한다.[65]

이런 의미에서 대장장이가 '노동'이 아닌 창의적인 작업으로서

---

65 『천 개의 고원』, 797쪽

야금술을 실행할 수 있는 것은 유목적 전쟁 기계에 의해서라고 할 수 있다. 반면 국가장치는 이러한 야금술의 창의적 본질을 왜곡함으로써 대장장이를 전유할 수 있을 뿐이다.

야금술의 물질에 비유기적 생명을 불어넣는 창의적 본성이 유목적 전쟁 기계를 통해서만 '표현'된다는 점에서, 그리고 유목적 전쟁 기계도 야금술을 통한 기술 혁신을 전제하고 필요로 한다는 점에서 "유목적 전쟁 기계는 소위 표현의 형식이며, 이것과 관련된 내용의 형식은 바로 이동적 야금술"[66]이라고 할 수 있다. 들뢰즈와 가타리는 이뿐만 아니라 다음과 같은 표를 제시한다.

	내용	표현
실체	구멍 뚫린 공간(기계적 문 또는 물질-흐름)	매끈한 공간
형식	이동적 야금술	유목적 전쟁 기계

---

66 『천 개의 고원』, 797쪽

전쟁 기계와 국가: 전유의 문제

∿∿∿

전쟁 기계의 본성은 국가에 의해 전유되면서 완전히 바뀐다. 먼저 국가장치에 포획되기 전에는 전쟁과 종합적이고 보충적인 관계만을 맺었다. 즉 전쟁 기계는 전쟁을 가장 중요한 목표로 삼지 않았고, 선생은 내뀐한 공간을 구성하기 위한 제2차적이고 보충적인 목표였다. 그런데 국가가 전쟁 기계를 전유하게 되자 전쟁 기계의 성격이 바뀌어 전쟁 자체를 목표로 삼게 되었다. 또한 이러한 전유는 전쟁 기계를 국가의 정치적 목적에 종속시켰다.

그리고 자본주의는 '제한전'에서 '총력전'으로 나아가는데, 이러한 '총력전'은 "국가장치가 전쟁 기계를 전유하기 위한 모든 조건을 최대한으로 실현"하는 데 도움이 된다. 왜냐하면 총력전으로 나아가기 위해서는 고정 자본과 가변 자본에 대한 막대한 투자가 이루어져야 하기 때문이다. 즉

> 국가의 전쟁을 총력전으로 만드는 요인들은 자본주의와 밀접하게 결합되어 있다. 즉 전쟁 관련 시설, 산업 그리고 전쟁 경제에 대한 고정 자본의 투자, (…) 육체적·정신적 측면에서의 인구라는 가변 자본에 대한 투자와도 밀접하게 결합되어 있는 것이다.[67]

---

67 『천 개의 고원』, 807쪽

예를 들어 파시즘은 자본주의과 결탁하여 '전쟁을 위한 전쟁'으로서의 총력전을 진행시켰다.

그런데 들뢰즈와 가타리는 이 파시즘 이후에 출현하는 전쟁 기계는 더 무시무시한 것으로 〈평화〉를 목표로 삼는 전쟁 기계라고 말한다. 이것은 세계 전체를 통제하고 있으며 "이제 국가들은 이 새로운 전쟁 기계에 적합한 목표나 수단밖에 갖고 있지 않게 된다."[68] 이런 의미에서 "전쟁은 다른 수단에 의한 정치의 계속"이라는 클라우제비츠의 말은 "정치는 다른 수단에 의한 전쟁의 계속"이라는 말로 대체된다. 그럼에도 이와 같이 전 세계를 발아래 두는 자본주의적 전쟁 기계를 가능하게 하는 가변 자본과 고정 자본의 집적은 예측 불가능한 소수적 전쟁 기계의 출현 또한 가능하게 한다. 이러한 소수적 전쟁 기계는 전 지구적 전쟁 기계에 의해 〈임의의 적〉으로 불리기도 한다. 들뢰즈와 가타리는 다음과 같이 쓰고 있다.

"전 세계적" 전쟁 기계를 가능하게 해주는 조건들(…)이야말로 변이적, 소수자적, 민중적, 혁명적 기계들의 특징을 이루는 예상 밖의 반격이나 예기치 못한 주도권을 장악할 수 있는 가능성을 끊임없이 재창조하고 있다.[69]

---

68 『천 개의 고원』, 808~809쪽

69 『천 개의 고원』, 809쪽

즉 전쟁 자체를 목적으로 하는 전-지구적인 파괴 장치로서 공포의 전율이 흐르게 하는 전쟁 기계가 있는데, 그것이 "우주 끝까지 연장될 수 있는 파괴선을 형성하고 있다"는 것이다. 반면에 이 첫 번째 전쟁 기계에 비해 규모는 매우 작지만 창조적인 도주선을 그리고 매끄러운 공간을 구성하는 것을 목표로 하는 다수의 유목적 전쟁 기계들이 존재한다. 이와 같은 의미에서 '창조성'이야말로 좋은 전쟁 기계를 가려낼 수 있는 표식이라고 할 수 있다. 이때 전쟁 기계는 단순히 정치 조직만을 의미하는 것이 아니며 "예술적, 과학적 (…) 운동도 잠재적인 전쟁 기계가 될 수 있다."[70] 이것은 이러한 운동이 기계적 문과 연동되면서 도주선이나 매끄러운 공간을 창조하고 생산할 수 있느냐에 달려 있다.

게릴라전이나 소수자 전쟁, 인민 전쟁이나 혁명 전쟁이 전쟁 기계의 이러한 본질에 합치하는 것은 (…) 설령 새로운 비조직적(=비유기적)인 사회적 관계라고 하더라도 동시에 다른 무엇인가를 창조할 때만이 전쟁을 일으킬 수 있기 때문이다. 이들 양극 사이에는 커다란 차이가 존재하는데, 심지어 또는 특히 죽음의 관점에서 볼 때도 그러하다. 창조하는 도주선이냐 아니면 파괴선으로 전화하는 도주선이냐.[71]

---

70 『천 개의 고원』, 811쪽
71 『천 개의 고원』, 811쪽

즉 파괴하는 세계적인 전쟁 기계와 창조하는 소수적 전쟁 기계 사이에는 단순한 양적 차이나 정도상의 차이가 아니라 질적인 차이가 존재한다는 것이다.

결론

~~~~~~

유목적 전쟁 기계는 단순히 한 점에서 다른 점으로 이동하지 않으며, 공간 자체를 장악하는 전혀 다른 방식을 보여 준다. 즉 환원 불가능한 부분들이 어느 점에서나 출현할 가능성을 보여 주는 동시에 소용돌이를 일으키는 방식으로 매끄러운 공간을 채우는 것이 바로 유목적 전쟁 기계이다. 그리고 이러한 전쟁 기계의 움직임은 절대적인 〈속도〉이지 상대적인 〈운동〉이 아니다. 이런 의미에서 〈속도〉와 〈운동〉 사이에는 양적인 차이가 아닌 본성상의 차이가 존재한다고 할 수 있다.

또한 유목적 전쟁 기계는 매끈한 공간을 창조하는데, 이는 국가 장치의 홈 패인 공간과 대립할 수밖에 없고, 이러한 대립에 의해 유목민들과 정주민들이 접촉할 때 '전쟁'이 일어나게 된다. 이런 의미에서 전쟁 기계와 전쟁은 필연적인 연관을 맺고 있다고 할 수 있다. 그러나 전쟁 기계의 개념을 아무리 '분석'해도 전쟁의 개념은 나오지 않는다. 이것은 전쟁 기계와 전쟁의 관계가 종합적이고 보충적

177

이라는 것을, 그리고 전쟁 기계가 전쟁만을 목표이자 목적으로 삼는 것이 아님을 의미한다. 전쟁 기계는 주어진 공간을 매끈한 공간으로 재편성하길 원할 뿐이다.

전쟁 기계가 전쟁만을 목적으로 삼는 것은 국가장치에 포획되었을 때이다. 그런데 이와 같이 국가에 전유된 전쟁 기계는 오늘날 역으로 국가장치를 전유한다. 즉 "국가 자체가 전쟁 기계의 일부분에 지나지 않"[72]게 된다. 이러한 국가를 자신의 일부분으로 만드는 전 세계적 전쟁 기계는 전쟁보다 무시무시한 〈평화〉를 정착시킨다. 이와 같은 전쟁 기계를 '나쁜' 전쟁 기계로 볼 수 있다.

반면에 창조적인 소수적 전쟁 기계들이 존재하는데, 이들은 '나쁜' 전쟁 기계와는 달리 전쟁과 극히 다양한 관계를 맺으며 창조적인 도주선을 그리는 것을 목표로 한다. 즉

전쟁 기계는 (…) 전쟁과 부딪치게 되지만 그것은 종합적이고 보충적인 목적으로 부딪힐 뿐이므로, 이 경우 전쟁은 국가에 맞서 그리고 (…) 세계적인 공리계에 맞서 이에 도전하는 것이다.[73]

이런 의미에서 소수자들은 공리계와 투쟁하는 새로운 전쟁 기계

---

72 『천 개의 고원』, 893쪽

73 『천 개의 고원』, 810쪽

를 발명해야 한다. 들뢰즈와 가타리의 다음 문장으로 이 논문을 마치려 한다.

소수자들에게서 문제는 물론 자본주의를 쓰러뜨리고, 사회주의를 재정의하고, 세계적 규모의 전쟁 기계를 만들어내는 데 있다.[74]

참고문헌

〰〰〰〰

* 김상범, 『들뢰즈의 이념적인 놀이』, 서울: 바른북스, 2023

* 질 들뢰즈, 『스피노자의 철학』, 박기순 옮김, 서울: 민음사, 2017

* 질 들뢰즈, 『의미의 논리』, 이정우 옮김, 파주: 한길사, 2015

* 질 들뢰즈, 『차이와 반복』, 김상환 옮김, 서울: 민음사, 2011

* 질 들뢰즈 · 펠릭스 가타리, 『안티 오이디푸스』, 김재인 옮김, 서울: 민음사, 2015

* 질 들뢰즈 · 펠릭스 가타리, 『천 개의 고원』, 김재인 옮김, 서울: 새물결출판사, 2003

* 질베르 시몽동, 『형태와 정보 개념에 비추어 본 개체화』, 황수영 옮김, 서울: 그린비, 2017

* 프리드리히 니체, 『도덕의 계보』, 박찬국 옮김, 파주: 아카넷, 2023

---

74 『천 개의 고원』, 902쪽

맺음말

이로써 서구 사상(특히 대륙 철학)에 있어서 전쟁에 관한 인문학적 논의를 정리하려는 나의 작업은 끝이 났다. 클라우제비츠, 르네 지라르, 칼 슈미트, 폴 비릴리오, 피에르 클라스트르, 질 들뢰즈와 펠릭스 가타리 모두 만만한 사상가가 아니기에, 최대한 쉽게 쓰려고 노력했으나 독자에게 어떻게 전달될지는 이미 내 손을 떠난 문제이다. 이들의 저작을 읽으면서 단순 무식하게 '반전 평화'나 'We are the world'를 외칠 것이 아니라 전쟁이란 무엇인지에 대해 깊이 고찰해야 함을 절실히 느끼게 되었다. 독자들도 이 책을 읽으면서 '실천적 지침'을 얻으려 하기보다는, '전쟁'과 '평화'라는 이분법에 대해 다시 한번 깊이 생각하는 계기가 되었으면 한다.

전쟁 인문학

초판 발행   2024년 7월 10일

지 은 이   김상범
펴 낸 이   김성배
펴 낸 곳   도서출판 씨아이알

책임편집   김선경
디 자 인   안예슬, 엄해정
제작책임   김문갑

등록번호   제2-3285호
등 록 일   2001년 3월 19일
주   소   (04626) 서울특별시 중구 필동로8길 43(예장동 1-151)
전화번호   02-2275-8603(대표)
팩스번호   02-2265-9394
홈페이지   www.circom.co.kr

I S B N   979-11-6856-246-2 (93100)